R.E.I. Editions

Tutti i nostri ebook possono essere letti sui seguenti dispositivi:
Computer
- eReader
- iOS
- Android
- Blackberry
- Windows
- Tablet
- Cellulare

Degregori & Partners

C.F.D. - Strategie di Trading

Quaderni di Finanza 9

ISBN: 978-2-37297-3328

Pubblicazione: marzo 2017
Nuova edizione aggiornata agosto 2022
Copyright © 2017 - 2022 R.E.I. Editions
www.rei-editions.com

Le informazioni sui prodotti finanziari e i commenti ai mercati espressi in questo volume non rappresentano in alcun modo una raccomandazione all'acquisto o alla vendita di titoli. Nessuna informazione contenuta nel presente testo costituisce o deve essere interpretata come un consiglio di investimento, legale o fiscale: una consulenza professionale e specifica è sempre indispensabile prima di prendere qualsiasi decisione di investimento.

I Quaderni di Finanza hanno lo scopo di promuovere la diffusione dell'informazione e della riflessione economico-finanziaria sui temi relativi ai mercati mobiliari nazionali e internazionali e alla loro regolamentazione.

Piano dell'opera

Le operazioni sui CFD, con o senza leva, come le operazioni su tutti i prodotti derivati, possono essere molto speculative e generare vincite o perdite ingenti. La contrattazione dei CFD o di altri prodotti derivati comporta un alto livello di rischio e, conseguentemente, non è adatta a tutti i tipi di investitori. Gli autori non saranno ritenuti responsabili delle perdite generate da investimenti fondati sulle informazioni contenute in questo libro. Il contenuto di quest'opera non deve essere considerato come una promessa, esplicita o implicita, né come una garanzia di guadagno sulle operazioni effettuate applicando le strategie descritte e in nessun modo si intende che le perdite generate da queste possano essere o saranno limitate.

Degregori & Partners

C.F.D.
Strategie di Trading

Quaderni di Finanza (9)

R.E.I. Editions

Indice

I C.F.D. (Contract For Difference)

I CFD (Contract For Difference) sono strumenti finanziari derivati che consentono di trarre vantaggio economico dalle variazioni di prezzo di un'attività finanziaria sottostante, quale può essere un'azione, un cambio valutario, una materia prima; anziché negoziare o scambiare fisicamente l'attività finanziaria, il CFD rappresenta un'operazione in cui due parti convengono di scambiare denaro sulla base della variazione di valore dell'attività sottostante che intercorre tra il punto in cui l'operazione viene aperta e il momento in cui la stessa viene chiusa. Attraverso i CFD si opera, quindi, sulle differenze di prezzo dei contratti, guadagnando o perdendo in funzione della differenza tra il prezzo di acquisto e il prezzo di vendita del sottostante, moltiplicato per il numero di CFD scambiati.

Una parte viene definita acquirente e l'altra viene definita venditrice:

- La parte acquirente realizza un guadagno nel caso in cui il valore dell'attività aumenti, e una perdita nel caso in cui tale valore diminuisca.

- La parte venditrice, al contrario, realizza una perdita a fronte dell'aumento del prezzo dell'attività e un guadagno se tale prezzo diminuisce.

11

I CFD sono, quindi, strumenti derivati che permettono agli investitori di trarre vantaggio dal rialzo, posizione long, o dal ribasso, posizione short, del prezzo di attività finanziarie sottostanti e sono spesso usati per speculare in questo tipo di mercati. Nonostante il possessore del CFD non abbia diritto di proprietà sui titoli, la posizione CFD concede il diritto di ricevere il rendimento dell'attività finanziaria sottostante, compreso il dividendo. Ovviamente la parte corta della transazione è obbligata a pagare il rendimento comprensivo dei dividendi. Quindi, per le posizioni lunghe riceveremo il dividendo, mentre in caso di una posizione corta, ribassista, nel giorno dello stacco del dividendo, dovremo pagare noi il dividendo.

Esempio

Supponiamo di acquistare 1.000 CFD Fiat a 6,10 euro. Il margine richiesto, ipotizzando un margine del 15%, è di 915 euro:

$$(1.000 \times 6,10) \times 15\% = 6.100 \times 15\% = 915 \text{ euro}$$

In caso di vendita dopo 25 giorni a 6,90 euro, il profitto lordo generato dall'operazione sarà pari a:

$$(6,90 - 6,10) \times 1.000 = 0,80 \text{ € } \times 1.000 = 800 \text{ euro}$$

A questo valore bisogna sottrarre gli interessi passivi da marginazione che, ipotizzando un tasso Euribor pari al 4% e uno spread pari al 2,5%, risultano pari a:

(6.100 x 6,5% x 25giorni / 365giorni) = 27,16 euro

Il profitto netto è dunque pari a:

800 - 27,16 = 772,84 euro

Considerando che abbiamo complessivamente investito 915 euro e abbiamo ottenuto un guadagno netto pari a 772,84 euro, la nostra percentuale di guadagno risulta essere pari a:

772,84 / 915 = 84,46%

Se avessimo acquistato e poi rivenduto direttamente le azioni, avremmo avuto un guadagno in termini assoluto sempre di 800 euro al lordo delle commissioni di negoziazione, pur con un esborso iniziale di 6.100 euro, ma con un incremento percentuale pari a:

(6.900 - 6.100) /6.100 = 800/6.100 = 13,11%

Con i CFD si è, quindi, spalancata una grande opportunità per tutti coloro che pur non disponendo di grandi capitali, tramite una piattaforma di trading online e una connessione a internet possono sfruttare le proprie conoscenze e capacità per ottenere profitti puntando sui rialzi o sui ribassi in base alle proprie previsioni di mercato. Il trading con i CFD presenta numerosi vantaggi, che potremmo sintetizzare in economicità rispetto all'investimento tradizionale, praticità, comodità, velocità;

13

i CFD, infatti, si possono negoziare in un clic e le posizioni aperte si possono chiudere anche in pochi minuti, o addirittura secondi, potendo così approfittare anche di rialzi della durata di pochi minuti, per poi chiudere la posizione e andare a profitto. Un altro grande vantaggio è che con il trading di CFD si può fare profitto anche dalle quotazioni in ribasso; per fare ciò, non occorre acquistare per poi rivendere, ma semplicemente aprire posizioni di tipo short o "vendita". I CFD sono strumenti molto efficienti per operare al ribasso (short) per più giorni sui titoli azionari; l'operazione effettuata attraverso i CFD, a differenza dei tradizionali servizi di prestito titoli, non comporta alcun costo oltre alle normali commissioni di negoziazione, garantendo oltretutto un interesse giornaliero calcolato sul controvalore dell'operazione stessa. Se si vuole operare short, al ribasso, non esiste alcun strumento più semplice ed economico del CFD; infatti, se si decide di shortare un titolo e mantenerlo in portafoglio per più giorni, bisogna accendere un contratto di prestito titoli con il broker e pagare una commissione e un interesse al broker sui titoli che ci stati prestati. Con i CFD, invece, è tutto molto semplice, in quanto possiamo aprire una posizione short vendendo un CFD, guadagnando così in caso un determinato titolo vada in ribasso. Poiché non si vende un titolo, bensì un contratto che replica l'andamento del titolo, non è necessario alcun prestito titoli; inoltre, sulle operazioni short overnight dei CFD, non solo non vi è alcuna commissione o interesse sul prestito titoli, ma si riceve un interesse giornaliero calcolato sul controvalore dell'operazione.

Nella quotazione dei CFD è compresa la percentuale di Spread, ovvero la differenza presente tra i prezzi di acquisto (Long) e di vendita (Short), differenza che rappresenta il compenso per il fornitore di CFD, ovvero il Broker autorizzato.

A differenza di quanto accade con le azioni, per fare trading con i CFD non c'è il possesso dei titoli, perciò non vi sono neanche le molteplici pratiche burocratiche e i costi che caratterizzano un tradizionale investimento azionario, come, ad esempio, le imposte di bollo o i costi relativi alla gestione del conto titoli. Sebbene i CFD non siano titoli di cui si entra materialmente in possesso, è possibile negoziarli in modo pratico e veloce esclusivamente per scopi di lucro nel breve termine; tuttavia è bene ricordare che la maggior parte dei CFD non ha scadenza, quindi si è liberi di tenere aperta la propria posizione per quanto si desidera, andando tuttavia incontro ai costi di overnight, ovvero dei piccoli premi percentuali che spettano al broker in cambio del mantenimento della posizione durante la notte (tre notti nel week end).

Un'altra grande differenza tra i CFD e le azioni sta nella leva finanziaria. I CFD, infatti, sono strumenti soggetti a leva, perciò, per ogni singola operazione, l'utente non si esporrà per l'ammontare complessivo del valore delle azioni negoziate, ma soltanto per una piccola percentuale.

Ad esempio, una leva di 1:20 consente di negoziare su azioni per un valore di 1.000 euro con soli 50 euro. I tassi di margine e la leva possono variare a seconda del broker e della tipologia di strumento finanziario utilizzati.

In ultimo, i CFD consentono di avere accesso a una vasta gamma di azioni, cosa che non è possibile fare tramite una normale banca. E' possibile crearsi un portafoglio di CFD azionari scegliendo i componenti tra migliaia di azioni in tutto il mondo, quotate su tutti i mercati azionari più importanti. Non solo azioni italiane, dunque, ma anche numerosissime azioni europee, asiatiche e americane. I contratti per differenza sono prodotti Over the Counter (OTC), il cui trading è solitamente gestito da broker o market maker, conosciuti come gestori di CFD. I gestori di CFD definiscono termini di contratto, tassi di margine e quali strumenti finanziari sono disponibili al trading, trading che avviene secondo due diversi modelli che possono avere conseguenze sul prezzo degli stessi strumenti in questione:

- Market Maker (MM), questo è il metodo più comune dove il gestore di CFD decide il prezzo per il CFD sullo strumento sottostante e raccoglie tutti gli ordini all'interno del proprio pacchetto. La maggior parte dei gestori di CFD investiranno tali posizioni sulla base dei propri modelli di rischio, che potrebbero rivelarsi semplici tanto quanto comprare o vendere il sottostante stesso, ma potrebbero anche passare per una serie di investimenti o consolidare le posizioni dei clienti e controbilanciare una posizione di ribasso di un cliente con una di rialzo di un altro cliente. Questo non ha alcun effetto sul trading poiché a prescindere da ciò che il gestore di CFD faccia con il proprio rischio di mercato, il contratto è sempre e comunque tra il trader e il gestore di CFD. La conseguenza principale è che quel prezzo può essere differenziato dal fisico mercato sottostante se il gestore di CFD, ad esempio, prende nel proprio pacchetto posizioni di altri clienti che sta controllando. Questo permette al gestore di CFD grande flessibilità su prodotti e tempistiche di trading offerti dal momento che è possibile creare ibridi e protezioni usando strumenti alternativi come, ad esempio, il permesso di fare trading al di fuori dei normali orari di mercato. In pratica, il prezzo del Market Maker solitamente corrisponde allo strumento sottostante visto che altrimenti il gestore di CFD sarebbe esposto ad arbitraggio, ma alcuni gestori di CFD aggiungono al contratto un'ulteriore garanzia scritta che assicura la corrispondenza tra i prezzi dei CFD e gli strumenti sottostanti.

- Direct Market Access (DMA), creato in risposta alla preoccupazione che il prezzo nel modello del Market Maker non corrispondesse a quello dello strumento sottostante. In questo modo il gestore di CFD garantisce una concreta contrattazione nel mercato sottostante al fine di far combaciare gli ordini di CFD uno a uno. Il contratto rimane tra il trader e il gestore di CFD e il trader non possiede fisicamente alcuno strumento sottostante. Attraverso questa procedura la corrispondenza di prezzo tra CFD e strumento sottostante è garantita ed è possibile consultare tali prezzi nel registro di mercato, essendo certi che non subiranno alcuna riquotazione. Questa prassi è solamente per alcuni

17

tipi di strumenti sottostanti ed è usata principalmente per CFD di azioni; potrebbe risultare più costosa dal momento che i gestori di CFD non hanno accesso a economie di scala e devono coprire le spese delle transazioni di scambio.

E' importante evidenziare che i CFD sono strumenti pensati per ottenere risultati nel breve termine, acquistando o vendendo in un mercato al rialzo o al ribasso, al fine di trarre profitto dalle variazioni del prezzo di un asset; a differenza delle azioni, quindi, le posizioni sui CFD si possono chiudere anche dopo pochi minuti, con un semplice clic del mouse. La velocità dell'ottenimento di un risultato, dunque, è uno delle principali attrattive del trading con CFD; tuttavia, questa velocità richiede anche più impegno, poiché occorre stare più attenti alle posizioni aperte e alle operazioni in atto. Se apriamo una posizione di long/short, ovvero al rialzo o ribasso, su un determinato titolo particolarmente volatile, dovremo tener d'occhio la nostra operazione per poter chiuderla non appena vi è una inversione che ci attendiamo.

Una funzione delle piattaforme di trading molto utile per questo proposito è quella dello Stop.

La funzione stop si divide in due tipologie:

- Stop Loss: una funzione che consente di impostare una chiusura automatica a fronte del raggiungimento di una determinata perdita.
- Stop Limit: una funzione che consente di impostare una chiusura automatica a fronte del raggiungimento di un determinato profitto.

Un comando di Stop loss può essere predisposto affinché inneschi una via d'uscita ogni qualvolta venga raggiunto un livello precedentemente impostato dal trader; ad esempio, comprare a 3,00 € con uno stop loss a 2,60 €. Una volta che il comando di stop loss è stato innescato, viene inviato un segnale di vendita alla società che fornisce servizio di CFD, il quale verrà attivato relativamente alle condizioni contrattuali e tenendo conto della liquidità disponibile necessaria al completamento della richiesta. I fornitori di DMA (Direct Marketing Access) ricevono di solito comandi di stop loss via telefono oppure online e inoltrano l'ordine nel mercato affinché gli acquisti vengano effettuati solamente all'interno di una ristretta gamma relativa al prezzo preimpostato, per esempio fino a un massimo di ulteriori 6 centesimi e in condizioni di disponibilità necessaria.

Se lo Stop Loss viene attivato e poi il prezzo si sposta rapidamente al di fuori del raggio dei 6 centesimi dell'esempio, o se non c'è liquidità sufficiente per eseguire l'ordine e considerando altre persone che hanno ordini a quel livello di prezzo, il comando di vendita stop loss potrebbe non essere attivato e la posizione rimanere aperta.

I Market Makers hanno la capacità di gestire lo stop loss, e non appena tale comando è innescato possono chiudere la posizione ovunque trovino disponibilità di quantità e prezzi corrispondenti. Questo aumenta le possibilità di abbandonare una posizione rivelatasi controproducente benché a un prezzo inferiore di quello sperato.

Uno dei problemi relativi al prezzo di uno stop loss è che si tratta semplicemente di un prezzo di riferimento; tutto dipende se il prezzo di mercato è adeguato a quel livello. Se il prezzo dello strumento sottostante "arranca", per esempio se supera il livello di stop in un solo passo, il comando di stop verrà eseguito al livello di prezzo successivo utilizzato o no nel trading a discrezione della società fornitrice di CFD (slippage). Solitamente questo non rappresenta un problema per i prodotti con trading particolarmente attivo come indici e valute, ma può diventarlo nel caso di prezzi di equity, e in particolare su azioni a bassa liquidità.

E' un problema anche quando i mercati finanziari sono chiusi e la differenza tra chiusura di un giorno e apertura di quello successivo è significativa, ad esempio quando vengono divulgate notizie che incidono sulla redditività dell'azienda nel corso della notte.

Per ovviare a questa complicazione, le società di CFD offrono "Guaranteed Stop Loss Orders" (GSLO - Ordini di stop loss garantito), sotto pagamento di una tariffa per un prezzo di attivazione stop loss garantito da parte del trader. Come per l'addebito aggiuntivo, teoricamente ci sono altre restrizioni. L'ordine di stop loss più vicino può essere impostato tipicamente al 5% dal prezzo corrente e le società di CFD hanno di solito condizioni sui comandi specifiche, nonostante siano prontamente operative nel caso chiudere a un determinato prezzo sia importante.

Esempio

- Decidiamo di aprire una posizione rialzista (Long) su un contratto Light Crude Oil, scadenza luglio, con la protezione Rischio Limitato.

- Ricordiamo che un punto di contratto equivale a 10 dollari statunitensi.

- Supponiamo che il Light Crude Oil quoti 70,00-70,10.

- Per effettuare una transazione a Rischio Limitato si deve pagare un Premio sulla posizione di apertura.

- La posizione verrà, quindi, aperta a 70,10 (prezzo denaro) più 4 pips (premio Rischio Limitato) = 70,14 dollari.

- Aperta la posizione a 70,14 dollari, decidiamo di fissare uno stop garantito a 50 punti di distanza, ovvero a 69,64 dollari.

La perdita massima che la posizione può generare può essere così calcolata:

Livello Stop 69,64 - Livello di Apertura 70,10 = differenza 46 punti

Massima perdita possibile:

46 punti x 1 contratto x 10 dollari a punto = 460 dollari

Indipendentemente dall'andamento del prezzo del greggio e dalla volatilità dei mercati finanziari, la posizione non

21

potrà generare perdite superiori a 460 dollari. Un vantaggio non indifferente per proteggersi dai bruschi movimenti tipici di un mercato altamente volatile ed erratico come quello delle materie prime.

Esempio

Ipotizziamo di avere in portafoglio una posizione lunga sul titolo Alfa a un prezzo di carico di 8 euro. Potremmo decidere di inserire uno stop alle nostre perdite se il prezzo del titolo dovesse toccare 7,5 euro. Se il mercato dovesse andarci contro e il prezzo del titolo dovesse scendere, la nostra posizione verrebbe chiusa automaticamente nel momento in cui i prezzi toccano il livello del nostro stop loss, ovvero 7,5 euro. La perdita, in tal caso, sarà limitata al livello deciso a priori, ovvero 0,50 euro.

Ipotizziamo adesso che prima dell'apertura del mercato vengano diffuse notizie che possano influenzare negativamente le quotazioni del titolo.

Distinguiamo due casi che prevedono l'inserimento:

- di uno stop loss a 7,50 euro.
- di uno stop loss garantito a 7,50 euro.

Ipotizziamo che il titolo Alfa apra a 7 euro. In entrambi i casi il broker provvederà a chiudere la posizione al primo prezzo disponibile, ovvero 7 euro, ma per il trader le perdite saranno differenti.

- Nel primo caso, il trader realizzerà una perdita di 1 euro, dato che lo stop loss è stato saltato dal mercato.

22

- Nel secondo caso, invece, la perdita per il trader sarà limitata a 0,50 euro, dato che la restante parte sarà a carico del broker.

Come abbiamo detto, i CFD consentono di negoziare al rialzo e al ribasso su molteplici strumenti finanziari quali valute, materie prime, fondi ETF e indici di vario genere.

Esaminiamo quindi nel dettaglio:

- CFD su Azioni
- CFD sul Forex
- CFD sulle Materie Prime
- CFD sugli ETF
- CFD su Indici

CFD su Azioni

Rispetto alle azioni i CFD presentano sicuramente dei vantaggi nel fatto che si possono acquistare contratti con sottostanti anche particolarmente esotici senza per forza di cose affidarsi a broker che operano in quel paese. Immaginiamo, ad esempio, di voler investire nelle azioni di un'azienda turca o indiana: dovremo trovare o una banca o un broker in grado sia di farci investire tramite piattaforma, sia di gestire le complicate operazioni fiscali e burocratiche che potremmo incontrare nel mercato di destinazione.

Per i CFD, invece, non avremo assolutamente bisogno di impelagarci nelle questioni burocratiche e sovrane; ogni contratto sarà, infatti, valido nella nostra giurisdizione di residenza e non dovremo preoccuparci neanche delle potenzialmente complesse norme di carattere fiscale.

I CFD su azioni consentono pertanto di operare su tantissimi tipi di titoli azionari, presenti nelle borse di tutto il mondo, sia con posizioni long sia con posizioni short. Le azioni possono essere considerate il primo sottostante utilizzato nel trading online tradizionale e, quindi, ben si prestano anche al trading con i CFD; comprare azioni, infatti, per molti trader potrebbe essere un impegno abbastanza dispendioso, soprattutto per coloro che adottano la strategia che consiste nel diversificare i propri investimenti azionari comprando più titoli di settori diversi.

- Operando con i CFD è possibile inoltre proteggere, con capitali ridotti, un investimento azionario aperto in maniera tradizionale, semplicemente aprendo una posizione di segno opposto rispetto a quella detenuta in portafoglio: Long 1.000 azioni Generali, Short 1.000 CFD sullo stesso titolo.

Per calcolare il guadagno con i CFD azionari basta calcolare la differenza tra quanto incassato dalla vendita e quanto speso per l'acquisto, moltiplicando poi il risultato per il numero di CFD negoziati. Quindi, se per ipotesi si vendessero al prezzo di 18,50 i 1.000 CFD Generali acquistati a 18,00, il guadagno sarebbe di 500 euro (18,50 – 18,00 x 1.000 CFD).
Stessa procedura per calcolare i guadagni sullo short azionario con i CFD. E' bene ricordare che a titolo di guadagno "virtuale" frutto di transazioni di acquisto o di vendita con i CFD sulle azioni, può essere incluso anche il risparmio delle spese di commissione, non previste dai migliori broker di CFD.
Vediamo adesso alcuni esempi relativi all'acquisto diretto di azioni confrontato con l'acquisto di CFD sul medesimo titolo.

Posizione Long

Acquisto diretto di azioni Enel

- Prezzo di acquisto: 4,118 euro
- Quantità acquistata: 2.000 azioni
- Costo totale: 8.236 euro

- Prezzo di vendita: 4,468 euro
- Incasso totale: 8.936 euro
- Guadagno per azione: 4,468 - 4,118 = 0,35 euro
- Guadagno totale: 8.936 - 8.236 = 700 euro
- Guadagno in percentuale: 8,50%

Acquisto di CFD su azioni Enel

- Quotazione Enel all'acquisto: 4,118 euro
- Quantità acquistata: 2.000 CFD
- Margine richiesto: 5%
- Costo totale: 411,80 euro
- Quotazione Enel alla vendita: 4,468 euro
- Guadagno per CFD: 4,468 - 4,118 = 0,35 euro
- Guadagno totale: 2.000 CFD x 0,35 = 700 euro
- Guadagno in percentuale: 170%

Posizione Short

Vendita allo scoperto di azioni Mediaset

- Prezzo di vendita: 3,84 euro
- Quantità venduta: 2.000 azioni
- Incasso totale: 7.680 euro
- Prezzo di riacquisto: 3,61 euro
- Costo totale di riacquisto: 7.220 euro
- Guadagno per azione: 3,84 - 3,61 = 0,23 euro
- Guadagno totale: 7.680 - 7.220 = 460 euro
- Guadagno in percentuale: 6,37%

Vendita allo scoperto di CFD su Mediaset

- Quotazione Mediaset alla vendita: 3,84 euro
- Quantità venduta: 2.000 CFD
- Margine richiesto: 5%
- Incasso totale: 384 euro
- Quotazione Mediaset al riacquisto: 3,61 euro
- Guadagno per CFD: 3,84 - 3,61 = 0,23 euro
- Guadagno totale: 2.000 CFD x 0,23 = 460 euro
- Guadagno in percentuale: 119,80%

CFD sul Forex

I CFD sul Forex consentono di operare sul mercato valutario, quindi, aprire posizioni al rialzo o al ribasso su coppie valutarie come EUR/USD, USD/JPY, EUR/GBP e tantissime altre.

Con la quotazione in coppia, la prima valuta è definita come valuta base e la seconda fa riferimento alla valuta quotata; il prezzo indica quanto si riceverebbe di valuta quotata per un'unità di valuta base.

Ad esempio, l'EUR/USD quotato a 1.0568 significa che un euro è scambiato per 1.0568 dollari.

Il trading sul Forex ha luogo in tutto il mondo, 24 ore al giorno ed è possibile, quindi, fare trading dalle 22:00 della domenica fino alle 23:00 del venerdì. I vantaggi del trading sul Forex con i CFD comprendono un'alta leva offerta dai broker, circa 1:200, e degli spread più vantaggiosi rispetto agli altri strumenti finanziari. Minore è lo spread, ovvero la differenza tra prezzo di acquisto e di vendita del CFD, più conveniente è aprire una posizione su un determinato strumento finanziario.

- Nel mercato del Forex per quantificare la differenza tra prezzo Denaro e prezzo Lettera non si parla più di punti, ma bensì di Pips. Un contratto standard per la coppia di valute EUR/USD è composto da 100.000 unità e un singolo Pip vale 10 $.

Il pip, o punto base, rappresenta la quantità minima di variazione possibile di una determinata quotazione.

- Possiamo definirla come l'unità di misura nei prezzi del Forex. Il pip è costituito dallo 0,01% di un punto percentuale, ovvero la centesima parte di un punto percentuale. Se 1% è un punto percentuale, un pip è pari allo 0,01%.

Quindi, per fare un esempio, se i tassi d'interesse su un determinato titolo aumentano di 50 pip, l'incremento sarà stato dello 0,50% pari a 0,0050 se si considera il prezzo della valuta. Prendendo, ad esempio, il rapporto di cambio EUR/USD, se alle 15.00 il suo valore è pari a 1,2800 e alle 18.00 pari a 1,2832 l'incremento sarà stato di 32 pips.

Esempio

- Capitale di partenza: 5.000 euro
- Leva: 1:200
- Apriamo una posizione di acquisto su un lotto EUR/USD con quotazione 1,1171-1,1173
- Per l'acquisto di una quantità di 10.000, il margine è pari allo 0,50%, quindi 50 euro
- Il capitale disponibile diventerà quindi: 5.000 - 50 = 4.950
- Nel caso si verifichi una variazione di 10 pips, calcolo il valore del pip per EUR/USD, che in questo caso corrisponde a 0,89 euro (1/1,1171 = 0,89), e lo moltiplico per la variazione di 10 pips ottenendo un guadagno di 8,90 euro.

Chiudendo la posizione si ottengono 5.008,90 euro, in quanto ovviamente il margine iniziale viene restituito, con un guadagno percentuale del:

8,90 euro / 50 euro = 17,80%

Esempio

Decidiamo di andare long sull'euro/dollaro utilizzando i contratti "mini"; valore di un singolo contratto 10.000 euro, valore di un pip = 1 dollaro.

Il cross quota 1.4001/1,4002 e decidiamo di acquistare 5 contratti, l'equivalente di 50.000 euro, a 1,4002.

Il valore complessivo della nostra posizione sarà pertanto:

50.000 x 1,4002 = 70.010 $

Il margine richiesto per l'operazione è di 700,10 dollari, corrispondente all'1% del controvalore della posizione.

Mentre la posizione rimane aperta, il conto rifletterà il differenziale dei tassi di interesse dell'euro e del dollaro.

I tassi di interesse del dollaro sono attualmente inferiori a quelli praticati dalla BCE. In questo caso si avrà un credito in euro e un debito in dollari e pertanto sulla posizione verranno aggiunti giornalmente gli interessi derivanti dalla posizione long in essere.

Dopo un mese dall'apertura, il cross Euro/Dollaro è salito e si decide quindi di liquidare la posizione vendendo i 5 contratti a 1,4420.

Il profitto sulla transazione viene, quindi, così calcolato:

- Valore contratto: 10.000 $
- Prezzo di acquisto: 1,4002
- Numero di CFD: 5
- Valore operazione: 10.000 x 5 x 1,4002 = 70.010 $
- Margine = 1% = 70.010 x 1% = 700,10 $

- Prezzo di vendita: 1,4420
- Numero di CFD: 5
- Valore operazione: 10.000 x 5 x 1,4420 = 72.100 $

Rendimento = 72.100 - 70.010 = 2.090 $

o, che è lo stesso:

1,4420 - 1,4002 = 0,0418 x 10.000 x 5 = 2.090 $

In termini di rendimento percentuale, fermo restando il guadagno in valore assoluto pari a 2.090 dollari, abbiamo, quindi, i seguenti rendimenti:

Rendimento senza emarginazione:

(72.100 - 70.010) / 70.010 = 2,98%

Rendimento con emarginazione:

(0,0418 x 10.000 x 5) / 700,10 = 298,53%

CFD sulle Materie prime

I CFD sulle materie prime consentono di fare trading su petrolio, oro, argento, rame, gas naturale e altre tipologie, come quelle alimentari (soia, caffè, zucchero, cotone).

Anzitutto bisogna spere che le materie prime possono essere raggruppate in funzione delle loro caratteristiche ovvero avremo:

* Soft commodities - Queste materie vengono coltivate anziché estratte. Le materie prime soft tendono a essere molto volatili nel breve periodo, a causa della loro deperibilità che può provocare un'improvvisa e drastica oscillazione dei prezzi. I produttori sono fortemente coinvolti nel mercato dei beni soft, essendo interessati a fissare i prezzi per il loro prodotto. Il ciclo naturale della crescita crea inoltre delle oscillazioni stagionali nei prezzi. Alcuni esempi sono: grano, frumento, riso, semi di cacao, zucchero, succo di arancia, bestiame.

* Hard commodities - Queste materie vengono estratte dal sottosuolo o ricavate da altre risorse naturali. La materia prima iniziale può anche essere sottoposta a ulteriore raffinamento, come il che petrolio può essere trasformato in benzina. Anche alcuni prodotti agricoli, come il cotone, rientrano in questa categoria dato che non si deteriorano rapidamente e sono materiali industriali anziché generi alimentari. Le materie prime hard sono più

facili da gestire di quelle soft e più facili da integrare nel processo industriale. Per questo motivo sono anche le preferite dagli investitori e ogni anno avvengono negoziazioni per un valore di bilioni di dollari. Alcuni esempi sono: petrolio, gas naturale, cotone, alluminio, rame, argento, oro, piombo.

Le materie prime possono essere ulteriormente classificate in diverse sotto-categorie quali:
- Le materie prime "agricole" (grano, soia e zucchero).
- La sottocategoria "Energia" si riferisce a materie prime come petrolio greggio (WTI o Brent, petrolio estratto nel Mare del Nord), olio combustibile, benzina e gas naturale.
- I metalli possono essere suddivisi in "metalli preziosi" come oro, argento, palladio e platino, o "metalli di base" (non preziosi) come rame e alluminio.
- Con materie prime per l'allevamento ci si riferisce a prodotti a base di carne come bovini da alimentazione, bestiame vivo e maiali magri.

Esistono quattro scuole di trader che utilizzano le commodities:

- Hedgers - investitori che si coprono da rischi eccessivi: gli investitori spesso comprano o vendono le materie prime per gestire il loro rischio.

In un portafoglio bilanciato, le materie prime garantiscono una copertura contro i movimenti al ribasso di altri titoli, poiché tendono a spostarsi nella direzione opposta, o disgiunta, rispetto a certe azioni o bond.

- Speculatori - investitori con una particolare opinione su una data materia prima sono disposti ad assumere il relativo rischio nella speranza di ricavarne un profitto.

- Produttori - i soggetti che coltivano e raccolgono le materie prime potrebbero stipulare un contratto future al fine di controbilanciare il rischio di futuri movimenti del prezzo.

- Broker - si tratta di aziende o di singoli individui che eseguono l'ordine di acquisto o di vendita dei contratti di materie prime per conto dei loro clienti.

È importante anche sapere che non è possibile fare trading con le materie prime solo con i CFD, ma è possibile fare trading con Oro, Argento, Petrolio e Rame anche attraverso i Futures o anche tramite ETF.

In quest'ultimo caso, in particolare, gli ETF, ovvero gli Exchange Traded Fund, rappresentano gli strumenti più economici in assoluto che possiamo trovare in quanto sono costituiti da fondi composti da più materie prime; gli ETF possono per tanto rappresentare una sorta di portafoglio differenziato.

Anche per le materie prime le leve finanziarie proposte dai broker sono solitamente molto alte. Essendo le quotazioni di alcune materie prime molto volatili, prima della negoziazione con fondi reali si consiglia uno studio preventivo della materia prima che si desidera negoziare.

Nel caso del petrolio, il trading con i CFD potrebbe essere l'opzione ideale per tutti coloro che volessero sfruttare i repentini cambi di direzione, dovuti all'aumentare della volatilità, di un asset già di per sé abbastanza ballerino. Anche con i CFD sul greggio è possibile guadagnare sia al rialzo sia al ribasso, il profitto dipende dalla direzione scelta per operare. Lo stesso dicasi dell'oro, le cui forti oscillazioni giornaliere dei prezzi sono pane quotidiano per chi volesse guadagnare con i CFD, grazie, si ribadisce, ai margini offerti dai broker che consentono di massimizzare i guadagni, utilizzando soltanto una parte del proprio capitale destinato al trading.

Per calcolare il prezzo di esecuzione dei CFD sulle materie prime si utilizza la presente formula:

Prezzo del CFD =
prezzo del future + 1/2 (differenziale minimo − minimo dello spread del future)

dove:

- differenziale minimo: può aumentare in funzione dello spread del soggiacente.
- minimo spread del future: trattasi di un valore fisso.

Il valore di un lotto di oro è di 100 once mentre quello di un lotto di argento è di 5.000 once (1 oncia = 31,10 grammi); ne consegue che, moltiplicando il singolo lotto di ciascuno dei due metalli per il valore del metallo stesso otteniamo importi ben difficilmente disponibili alla maggior parte dei comuni investitori. Infatti, al momento della pubblicazione del presente testo:

- Il valore dell'oro ammonta a circa 1.745 dollari l'oncia, e, quindi, l'acquisto di un lotto corrisponderebbe a un esborso pari a 174.500 dollari (1.745 x 100).

- Lo stesso dicasi per l'argento che, con una quotazione di circa 19,32 dollari l'oncia comporterebbe un esborso di 96.600 dollari (19,32 x 5.000).

Ed è qui, appunto, che entrano in gioco i CFD sulle materie prime, consentendoci di fare trading su tali commodities con disponibilità decisamente inferiori.

Partendo dall'oro, il movimento minimo che può fare il suo prezzo, che si chiama tick e non più pip, è di 0,01 punti, ad esempio, da 1413,18 a 1413,19.

E' importante sapere che il valore di un tick è pari a 1 $ da cui il valore di 1 punto, che corrisponde a 100 Tick, è quindi a 100$.

Ad esempio, quanto vale 1 punto se tradiamo 2 lotti (size 2).

Semplice: 1 punto = 100 tick x 2 lotti = 200 $

Per quanto riguarda l'argento, il movimento minimo (tick) che fa il prezzo è di 0,001 punti , ad esempio, da 24,548 a 24,549 ed è importante sapere che il valore del singolo tick, questa volta è di 5 $.

Quindi, per sapere quanto vale 1 punto dovremo moltiplicare 1.000 tick per 5 $ cioè 5.000 $.

Quando si costruisce una strategia di trading su materie prime, è necessario iniziare conducendo una ricerca adeguata sulla commodity su cui si desidera investire. Un buon punto di partenza è leggere i report pubblicati dalle società di ricerca e dai broker, oltre a seguire le notizie quotidiane relative alle materie prime provenienti da fornitori di notizie finanziarie affidabili. Quando si decide di entrare o uscire dal mercato, la maggior parte dei trader si affida all'analisi tecnica per riuscire a individuare il momento ideale per effettuare le proprie mosse. Tuttavia, l'analisi tecnica è solo una parte del quadro; è anche necessario fare affidamento sull'analisi fondamentale degli eventi macroeconomici e sui principi di domanda e offerta che possono fornire informazioni analitiche critiche in grado di aiutare a prendere le migliori decisioni di trading.

- **Strategia di trading range-bound**

Con il trading range-bound, si cerca essenzialmente di eseguire i trade (aprendo o chiudendo la posizione di mercato) vicino alla fascia più bassa, il livello di supporto di una fascia di prezzo o vendendo nella fascia più alta, il livello di resistenza del range. La chiave del successo della strategia di trading range-bound è quella di essere in grado di identificare correttamente le condizioni di mercato in ipercomprato e ipervenduto. Per fare ciò, i trader possono utilizzare indicatori tecnici come l'indice di forza relativa

(RSI), gli stocastici e gli indicatori del momentum per aiutarsi a misurare i livelli di ipercomprato e ipervenduto delle condizioni di mercato.

- **Strategia di trading breakout**

Nel trading breakout generalmente un trader prende una posizione long dopo che il prezzo del titolo "rompe" al di sopra della resistenza o prende una posizione short dopo un break sotto al supporto. Se il mercato si muove al di sopra di livelli di resistenza ben definiti (realizzando nuovi massimi), forti coperture short determineranno una spinta di mercato verso l'alto molto più elevata. Al contrario, se il prezzo di uno strumento supera un supporto ben definito (nuovi minimi), la liquidazione delle posizioni long comporterà un brusco movimento al ribasso. Se si osservano nuovi massimi, si cercherà di aprire una posizione di acquisto sulla commodity ("andare long"). D'altra parte, se si osserva il prezzo della commodity mentre raggiunge nuovi minimi, su cercherà di aprire una posizione di vendita, ovvero "andare short". L'analisi tecnica viene utilizzata per identificare determinati livelli di "Breakout".

- **Strategia di trading basata sull'analisi fondamentale**

Nel fare trading con breakout o in range, i trader dovrebbero tentare di seguire alcune regole per quanto riguarda i tempi di acquisto e vendita al fine di raggiungere un certo livello di successo. Lo stesso principio vale per l'analisi fondamentale. Con l'analisi fondamentale, l'attenzione dovrebbe essere rivolta alla domanda e all'offerta della commodity alla quale si è interessati. Ad esempio, supponiamo che si voglia fare trading sul Petrolio a seguito della notizia dello scoppio di una guerra in un importante paese produttore di petrolio in Medio Oriente. L'analisi fondamentale potrebbe indicare che l'offerta di petrolio sarà ridotta, portando a una possibile carenza della materia prima sul mercato e, quindi, a un aumento dei prezzi. L'analisi fondamentale potrebbe, tuttavia, rivelarsi un po' impegnativa in quanto richiede una comprensione di base dei principi macroeconomici.

CFD sugli ETF

I CFD sugli ETF hanno come sottostante dei fondi di tipo Exchange Traded Fund; questi sono dei particolari fondi i cui titoli vengono scambiati come le azioni e sono contraddistinti da alta liquidità e bassi costi gestionali. Il prodotto utilizza un meccanismo di leva finanziaria. Il prodotto permette al cliente di speculare sugli aumenti e sulle diminuzioni dei prezzi degli ETF sui mercati internazionali. Il cliente può aprire una posizione lunga se ritiene che il prezzo del sottostante aumenterà o una posizione corta, se il cliente ritiene che il prezzo del sottostante diminuirà. Lo scopo del prodotto è quello di consentire al cliente di trarre benefici dalle variazioni del prezzo dello strumento sottostante senza possederlo. Il tasso di rendimento dell'investimento del prodotto dipende dal prezzo di apertura e dal prezzo di chiusura della posizione. Il prodotto riflette le variazioni dei prezzi degli strumenti sottostanti su cui si basa. I profili di profitto e di rischio di questo prodotto sono simmetrici. Aprendo una transazione sul prodotto, l'investitore effettua un deposito, ma può perdere più dell'importo depositato. Non esiste una data di scadenza del prodotto.

Il prodotto non è adatto a tutti gli investitori. Il prodotto è destinato a un investitore individuale che comprende come vengono ricavati i prezzi del prodotto, che sa qual è il margine e qual è la leva finanziaria. L'investitore deve essere consapevole del rischio d'investimento e deve essere in grado di sopportare eventuali perdite anche a breve termine.

Il prodotto può essere utilizzato a fini di investimento, di trading speculativo, di diversificazione del portafoglio e di copertura dell'esposizione di un'attività sottostante. L'investitore può perdere l'intero capitale d'investimento inteso come margine per la voce di prodotto aperto. In caso di una variazione significativa del prezzo dello strumento sottostante, sono possibili perdite superiori al margine iniziale e obblighi superiori al capitale investito. Il prodotto non include la protezione del capitale contro il rischio di mercato.

In genere il margine è pari al 5, al 10 o al 25%, con applicazione di uno spread variabile. In caso di dividendo:

• Posizione lunga: l'ammontare netto viene aggiunto.

• Posizione corta: l'ammontare lordo viene trattenuto.

CFD su Indici

I CFD su indici solitamente fanno riferimento ai principali indici di borsa dei mercati azionari, come il Dow Jones, il FTSE MIB di Piazza Affari, o il DAX della Borsa di Francoforte, ma anche a indici di tipo Mid Cap, ovvero che racchiudono i titoli azionari di media capitalizzazione. I broker consentono allo stesso modo di fare trading su indici di altro genere, come, ad esempio, l'indice VIX, ovvero l'indice della volatilità, e altri ancora. I CFD su indici non hanno scadenza, come invece accade per i tradizionali contratti futures; ciò evita di dover effettuare il rollover periodico tra contratto in scadenza e contratto con scadenza successiva.

I CFD su indici sono simili ai futures su indici; hanno tuttavia vantaggi non indifferenti quali la necessità di margini inferiori rispetto a quelli richiesti dai futures tradizionali e dimensione dei contratti più piccola rispetto ai futures, cosa che consente di controllare meglio l'esposizione e il rischio. Da non sottovalutare, infine, il ruolo di copertura che tale strumento può offrire; essendo un indice un indicatore statistico che misura il valore combinato delle azioni che comprende, i CFD su indici costituiscono un ottimo strumento di hedging per il portafoglio.

Il valore di un indice viene espresso in punti.

- Si dirà del FTSE MIB che vale 23.000 punti, mentre un tick, scostamento minimo di prezzo tra Denaro e Lettera, vale 5 punti, e ogni punto 5 euro.

- Quindi 1 tick vale 25 euro.

Per fare trading su un contratto future FTSE MIB a 23.000 punti, ci si troverebbe esposti per un valore di mercato di 115.000 euro e con un margine di garanzia del 5% si dovrebbe disporre di un capitale minimo pari a 5.750 euro, una cifra che spesso non è nelle disponibilità dei piccoli trader.

I CFD, a differenza dei contratti future standard, richiedono margini molto bassi, anche lo 0,5% del controvalore (leva 1:200), quindi, per un contratto CFD marginato allo 0,5% servirebbero appena 575 euro.

Il guadagno per ogni singolo tick a proprio favore sarà sempre di 25 euro e di conseguenza, per fare un esempio, con un CFD Long comprato a 23.000 punti e rivenduto a 23.200 punti, si guadagnerebbero 1.000 € mettendo sul piatto appena 575 €.

$$200 \text{ punti } / 5 \text{ punti } x 25 = 1.000 \text{ euro}$$

o, che è lo stesso:

$$40 \text{ x } 25 = 1.000 \text{ euro}$$

dove:

- 200 = incremento di punti dell'indice FTSE MIB.
- 40 = tick guadagnati, ovvero 200 punti diviso 5 punti valore di ogni singolo tick.
- 25 = valore di ogni tick.

I broker più specializzati consentono di operare anche con mini-lotti o addirittura micro-lotti di CFD. In questi casi, ipotizzando l'indice FSTE MIB sempre a 23.000 punti, l'esposizione sarebbe ridotta rispettivamente a 11.500 euro (mini-lotto) e 1.150 (micro-lotto). Di conseguenza il valore del singolo tick scenderebbe a 2,50 euro per il mini-lotto e 0,25 euro per il micro-lotto, e straordinariamente si potrebbe negoziare un contratto con 57,50 euro nel primo caso e con soli 5,75 euro nel secondo.

Oltre all'innegabile vantaggio di fare trading online impiegando una minima parte del proprio capitale, i CFD sugli indici possono essere utile per coprire contratti future di segno opposto, o semplicemente coprire investimenti azionari sui principali titoli che compongono i panieri degli indici.

La maggior parte dei broker consente di negoziare i CFD su indici anche al di fuori dei normali orari di borsa stabiliti, una possibilità da non sottovalutare, specialmente se si fa trading su indici molto sensibili alle contrattazioni degli indici americani, Dow Jones e S&P 500, come lo sono il tedesco DAX 30 e il nostro FTSE MIB. Inoltre, ci sono molti broker che permettono anche di aprire posizioni di segno opposto sullo stesso indice, consentendo di fare del vero e proprio Hedging, ovvero aprire contemporaneamente una posizione Long e una Short, anche più posizioni su diversi livelli di prezzo di indice. La strategia di fare Hedging con i CFD sugli indici può essere molto profittevole nelle fasi laterali, quando il sottostante stenta a prendere una netta direzione, e si muove su e giù, tra gli estremi di un Trading Range.

Il Trading CFD

Il trading CFD avviene tra i singoli investitori e le società che offrono tale servizio, ovvero le società di intermediazione o broker. Non essendoci dei contratti standard per i CFD, ogni società può determinarne i propri, pur attenendosi ad alcuni punti comuni quali:

- Il contratto ha inizio quando l'investitore apre una posizione al rialzo o al ribasso su un determinato strumento e ha fine quando chiude la posizione sullo stesso.
- Il guadagno o la perdita dell'investitore sarà proporzionale alla variazione di prezzo intervenuta tra l'apertura e la chiusura della posizione.
- Come compenso per il proprio servizio, il broker applica solitamente uno spread ovvero un differenziale tra il prezzo di acquisto e vendita all'apertura. Può, inoltre, aggiungere commissioni per servizi extra, overnight (tassa di servizio finanziario notturno) e in taluni rari casi anche una parcella manageriale nel caso in cui offra la gestione del portafoglio
- Avvenuta la chiusura giornaliera del mercato, una posizione viene reinvestita e portata al giorno seguente.
- I CFD sono prodotti "a marginazione" ovvero il trader deve sempre mantenere il livello di margine minimo; nel caso in cui la somma di denaro depositata sulla piattaforma CFD scenda a un livello

45

inferiore a quello del margine minimo, il broker effettuerà una margin call (chiamata a margine) in cui si chiederà al trader di coprire velocemente tali margini, che in caso contrario porteranno alla chiusura delle posizioni da parte del broker, al fine di tutelarsi.

E' bene inoltre ricordarsi sempre che i CFD sono negoziati in unità (o units) che variano a seconda del CFD stesso. Ad esempio:
- Il petrolio viene negoziato in barili (bbl).
- Il frumento (grano) viene negoziato in bushels (bu).
- Il caffè viene negoziato in libbre (lb).

Tutte le unità sono fissate su una quantità prestabilita, conosciuta come lotto (lot). Un lotto rappresenta la quantità minima di un determinato strumento che può essere negoziata. I CFD vengono quotati come nel mercato basilare. Quindi, ad esempio, gli indici azionari e le materie prime vengono quotate e negoziate in base alla loro valuta. L'FTSE100 CFD è quotato in Sterline, mentre lo S&P500 in Dollari.

Vediamo ora in dettaglio le caratteristiche di un'operazione con i CFD.

Titolo: Generali
Quantità unitaria: 10 azioni
Premio su acquisti: -0,035%
Premio sulle vendite: 0,015%
Maturazione del premio: ore 19:00

Leva finanziaria: 1:20
Margine iniziale: 5%
Margine di mantenimento: 2,50%
Scadenza giornaliera: no
Data di scadenza: nessuna
Orario negoziazione: 9:00 - 17:30

- Quantità unitaria - La quantità unitaria delle azioni rappresenta la quantità di base dello strumento finanziario che si può negoziare. In pratica, si tratta al contempo della quota minima negoziabile e della quantità di cui si compone ciascuna unità. Se vogliamo investire su Generali potremo farlo su 10 azioni, 20 azioni, 30 azioni, ma non su 33 o su 35. La quantità unitaria viene anche detta lotto minimo, inteso come lotto minimo acquistabile.

- Premio sugli Acquisti - Si tratta di una percentuale che può venire aggiunta o sottratta al proprio conto nel caso si mantenga la posizione durante la notte; se prima della chiusura del mercato non si chiude la posizione, nel caso di CFD su azioni Generali viene sottratto uno 0,035% per le posizioni di acquisto mantenute aperte durante la notte.

- Premio sulle Vendite - Anche in questo caso si tratta di una percentuale che può essere sottratta o aggiunta al proprio conto disponibile nel caso si mantenga una posizione aperta durante la notte; nel nostro esempio, il premio sulle vendite è pari allo 0,015%.

- Maturazione del Premio - Si tratta del giorno e dell'ora in cui vengono sbloccati i premi sugli acquisti e sulle vendite.

- Leva Finanziaria - In questo caso, se un'azione costa 10 €, la quantità minima negoziabile è di 10 azioni perciò 10 x 10 =100 €, che potremo acquistare attraverso la leva e quindi investire 5 € per un lotto minimo (leva 1:20). Con il trading di CFD si può giocare in Borsa davvero con pochi euro, grazie all'effetto della leva finanziaria. Attenzione, più alta è la leva, più evidenti saranno le variazioni di guadagno in base ai movimenti di prezzo, ma allo stesso modo più evidenti saranno le eventuali perdite in caso di mercato contrario alle aspettative.

- Margine Iniziale - Il margine iniziale rappresenta la quota che effettivamente si sottrae al conto disponibile per aprire una posizione. Ad esempio, se apriamo una posizione sulle azioni Generali per 100 € il margine iniziale è del 5% perciò 5 €, mentre per 50 € sarà di 2,5 €.

- Margine di Mantenimento - Il margine di mantenimento è una quota a garanzia dell'apertura della posizione. In pratica, si tratta di una garanzia per il broker in quanto questo offre la leva finanziaria e, quindi, lo stesso broker si assume un rischio da parte del trader.

- Scadenza Giornaliera - Le posizioni aperte con i CFD possono scadere giornalmente, così come possono rimanere sempre aperte. Nel caso scadano giornalmente, alla scadenza la differenza tra profitto e perdite viene aggiunta o sottratta al conto disponibile. Nel caso delle nostre azioni Generali, ad esempio, non scadono.

- Data di Scadenza - Alcuni CFD, quando è prevista una scadenza, possono scadere non solo a una data ora ogni giorno, ma anche in una data precisa. Nel caso preso in considerazione, non vi è data di scadenza.

- Orario di Negoziazione - I mercati non sono sempre aperti perciò ciascuno strumento finanziario può essere negoziato soltanto in alcuni orari. Quando si lascia una posizione aperta, non si può chiudere se il mercato è chiuso perciò occorre aspettare la sua riapertura. Nell'esempio considerato, i CFD su azioni Generali sono negoziabili nelle ore di apertura di Piazza Affari, dalle 9:00 alle 17:30.
A proposito degli orari di negoziazione dei CFD tenete presente quanto segue:
✓ I CFD negoziabili comprendono indici e azioni dei mercati di tutto il mondo, perciò si parte già domenica sera con i mercati asiatici.
✓ Ricordatevi che oltre alle azioni si possono negoziare anche valute. Tra queste le valute virtuali (Bitcoin e Litecoin) sono sempre negoziabili.

✓ L'orario di scadenza giornaliera non risponde sempre alla chiusura del mercato, ma può rispondere, ad esempio, ad altre logiche, come quelle del Forex, dove alcune valute, tra cui la virtuale Litecoin, scadono giornalmente all'1:00

Tipologie di CFD

Esistono 4 tipologie di CFD:

- CFD non quotati - La maggior parte dei CFD non sono quotati, sono, quindi, dei prodotti OTC (Over The Counter), il che vuol dire che sono negoziati direttamente tra il trader e il broker. Supponiamo di voler chiudere una nostra posizione in CFD; per farlo inoltreremo un ordine di chiusura di posizione sulla piattaforma di trading fornita dallo stesso Market Maker che ci ha proposto il CFD, cosa che lascia intendere che per questo mercato non esiste uno scambio organizzato né alcun organismo che garantisca il corretto svolgimento dell'operazione.

- CFD quotati - Anche il CFD quotato è un prodotto OTC, a cui si aggiungono delle garanzie sulla perdita massima che possiamo generare sulla nostra posizione. Il CFD quotato detiene uno stop che garantisce al trader che apre una posizione una perdita non superiore al livello fissato da tale stop. Supponiamo di comprare un CFD su un titolo ALFA che quota un prezzo di 5,25 €.
Il nostro broker esige un margine del 10%, ovvero lavoriamo con una leva di 1:10 sul nostro titolo; quindi, per l'acquisto di un CFD ALFA, dovremo impegnare un importo di 0,525 €. Se il CFD ALFA è quotato, ciò implica che la nostra posizione sarà

chiusa automaticamente dal broker nel caso in cui il titolo subisca un ribasso del 10%, e cioè di 0,525 €. Questa è una condizione che ci garantisce un importo massimo di perdita definito a priori; inoltre, in caso di ribasso del titolo ALFA, potremo comunque decidere di chiudere la nostra posizione prima di aver perso tutto il margine.

Per il momento, i CFD quotati sono proposti esclusivamente dalle grandi istituzioni finanziarie britanniche e si appoggiano alle quotazioni del LSE (London Stock Exchange); ne consegue che il pricing (prezzo del CFD) e il trading dei CFD stessi avvengono unicamente sul LSE. Se si opera su CFD quotati, tutti i costi di transazione e altre spese finanziarie sono inclusi nel prezzo di acquisto o vendita del CFD, in modo che non ci siano altri costi supplementari da tenere in conto quando decidiamo di aprire una posizione. Ne consegue che il prezzo di un CFD quotato viene aggiustato quotidianamente in funzione dei costi finanziari e dei crediti di finanziamento. Si noti bene che la dimensione minima del lotto è spesso inferiore per i CFD quotati rispetto ai non quotati.

- CFD "Exchanged Listed" - Introdotti nel 2007 sulla Borsa australiana ASX sono quotati su un mercato elettronico separato dagli altri mercati finanziari; sono simili ai CFD non quotati ma presentano alcuni vantaggi:
  ✓ Sono gestiti da una Controparte Centrale di Compensazione (CCP) che funzione come una

garanzia per tutti gli acquirenti e venditori di CFD.

✓ Sono contratti standardizzati.

L'obiettivo dichiarato dei fornitori di CFD "Exchanges Listed" è quello di aumentare la concorrenza tra gli operatori di mercato che forniscono i vari prezzi di domanda e offerta al fine di ridurre il divario tra i prezzi stessi di acquisto e di vendita. Va inoltre osservato che con l'uso della PCC, il margine richiesto sulle posizioni aperte tende a essere inferiore rispetto al mercato OTC. Infine, vi è l'anonimato totale delle operazioni eseguite. In sostanza, l'obiettivo era quello di creare un mercato regolamentato per la negoziazione dei CFD, così da generare un flusso di entrate extra dall'aumento degli scambi, e ove i vari operatori sono monitorati da un ente governativo autorizzato. Il fine ultimo è quindi quello di aumentare la trasparenza di questo tipo di mercato attraverso un meccanismo di compensazione regolamentato.

• CFD DMA (Direkt Market Access) - L'Accesso Diretto al Mercato (DMA) consente di fare trading direttamente nei book degli ordini delle principali borse e garantisce una trasparenza e una flessibilità superiori a quelle offerte dal tradizionale trading OTC (Over the Counter). DMA è anche noto come trading di 'Livello 2' o 'L2'. Un ordine DMA è eseguito direttamente sul mercato fisico del sottostante senza l'intervento del broker, permettendo così un'esecuzione in tempo reale agli effettivi prezzi di mercato. I CFD DMA assicurano la trasparenza degli ordini offrendo tutti i vantaggi del trading azionario con in più i vantaggi suppl²ementari offerti dai CFD. Da notare che gli stop loss garantiti non sono disponibili con il trading DMA. Il trading con accesso diretto ai mercati comporta quindi diversi vantaggi, alcuni dei quali sono specialmente utili ai trader più attivi. Con il DMA è, infatti, possibile:

✓ Vedere i dati estremamente dettagliati dei prezzi forniti dalle principali borse internazionali.

✓ Operare all'interno dello spread di mercato.

✓ Valutare la liquidità del mercato e piazzare gli ordini a qualunque livello.

✓ Piazzare gli ordini durante le principali e potenzialmente proficue aste di pre- e post-trading.

Storia

I CFD sono nati a Londra nei primi anni '90. Basati sugli swap di capitale, avevano l'ulteriore vantaggio di essere un prodotto a marginazione esente dal bollo, una tassa inglese. L'invenzione dei CFD è principalmente accreditata a Brian Keelan e Jon Wood, entrambi dipendenti UBS Warburg, in occasione della loro trattativa con Trafalgar House a inizio anni '90. I CFD vennero inizialmente utilizzati da hedge funds e investitori istituzionali al fine di proteggere la propria esposizione azionaria sul London Stock Market in modo economicamente conveniente.

Alla fine degli anni '90 i CFD sono stati introdotti per la prima volta agli investitori commerciali. Alcune società inglesi hanno contribuito alla loro diffusione offrendo un servizio contraddistinto da innovative piattaforme online che davano la possibilità di controllare i prezzi e fare trading in tempo reale. Le prime società a occuparsi di CFD sono state GNI (conosciuta originariamente come Gerrard & National Intercommodities e oggi parte di MF Global), IG Markets e CMC Markets.

Intorno al 2000 gli investitori si accorsero però che il reale vantaggio di fare trading con i CFD non era l'esenzione dal bollo, bensì l'abilità di applicare la leva finanziaria a qualsiasi attività sottostante; questa fu la svolta che determinò l'espansione dei CFD. Le società che offrivano servizio di CFD risposero immediatamente ed espansero l'offerta aggiungendo alle semplici azioni del London

Stock Exchange (LSE) anche indici, azioni globali, commodity, titoli di stato e valute. Fare trading con indici CFD, come per esempio quelli basati sui maggiori indici mondiali quali Dow Jones, NASDAQ, S&P 500, FTSE, DAX e CAC, è presto diventata l'attività più diffusa nel trading con i CFD.

Nel 2001 un certo numero di società che offrivano servizio di CFD si sono accorte che i CFD avevano lo stesso effetto economico del Financial Spread Betting, ad eccezione del regime fiscale che rendeva il prodotto non tassato per i clienti. La maggior parte di queste società lanciò, quindi, un'operazione di Spread Betting finanziario parallelamente con l'offerta CFD. In Gran Bretagna il mercato dei CFD per diversi aspetti rispecchia il mercato dello Spread Betting, e i prodotti sono simili. Ciò nonostante, mentre i CFD sono stati esportati in diversi Paesi, lo Spread Betting si fonda su uno specifico vantaggio fiscale e rimane, quindi, un fenomeno prettamente inglese e irlandese. Le società hanno iniziato a espandersi nei mercati esteri introducendo i CFD per la prima volta in Australia, nel 2002, grazie a IG Markets (società parte di IG Group) e CMC Markets; da allora i CFD sono stati introdotti in altri Paesi, quali Paesi Bassi, Polonia, Portogallo, Germania, Svizzera, Italia, Singapore, Sudafrica, Australia, Svezia, Francia, Irlanda, Giappone e Spagna.

- Da notare che negli Stati Uniti i CFD non sono permessi a seguito delle restrizioni imposte dalla US Securities and Exchange Commission relative agli strumenti finanziari Over the Counter (OTC).

Fino al 2007 i CFD sono stati oggetto di trading esclusivamente over the counter (OTC), anche se il 5 novembre 2007 la borsa australiana Australian Securities Exchange (ASX) ha inserito dei CFD nella lista delle 50 azioni australiane oggetto di maggior trading, in 8 coppie di valuta, negli indici mondiali chiave e in alcune commodities. Originariamente erano 12 i broker che offrivano CFD di ASX ma nel 2009 sono diminuiti a 5.

Alcune stime indicano che nel Regno Unito il trading sui CFD sia pari al 20% del turnover del London Stock Exchange.

Marginazione

Un aspetto molto importante da comprendere per quanto riguarda i CFD è quello del margine. I CFD sono prodotti in marginazione; ciò significa che gli investitori possono accedere alle contrattazioni sui mercati versando solo un piccolo margine ("deposito") del valore complessivo dell'operazione. Innanzitutto, distinguiamo i due tipi di margine presenti nel trading CFD:

Margine Iniziale

Si tratta dell'importo che l'utente andrà effettivamente a investire per la negoziazione, ed è dato da:
  (prezzo di apertura della posizione * dimensione della transazione) * percentuale del margine iniziale.

Esempio

Acquistiamo 30 CFD su azioni GAMMA per 100 $ l'uno con margine iniziale pari al 10%. In tal caso il valore della posizione sarà di: (30*100)*10% = (3.000)*10% = 300 $.

Margine di Manutenzione

Si tratta del margine che viene richiesto per tenere la posizione aperta e che viene restituito quando la posizione viene chiusa.

58

L'importo del margine è dato da:
(prezzo di apertura della posizione * dimensione della transazione) * percentuale di margine di manutenzione

Esempio

Acquistiamo 30 CFD su azioni GAMMA per 100 $ l'uno, per le quali è previsto una percentuale di margine di manutenzione pari al 5%. In tal caso, l'importo del margine di manutenzione è dato da: (30*100)*5% = (3.000)*5% = 150 $.
Quindi, per aprire una posizione di acquisto sui CFD azioni GAMMA dovremo sottrarre al capitale disponibile sul conto trading: 300 $ + 150 $ = 450 $.

Esempio marginazione Long

Supponiamo di acquistare 1.000 CFD Mediaset a 4 euro e di venderli dopo 55 giorni a 4,50 euro.
Per semplificare i calcoli evitiamo di riportare le commissioni.
Il margine dell'operazione è pari a: 4.000 x 5% = 200 €
Il profitto generato dall'operazione è così calcolato:

(4,50-4) x 1.000 = 500 euro

Da questo valore bisogna detrarre gli interessi passivi da marginazione. Supponendo un tasso Euribor pari all'1,5%, gli interessi risultano pari a:

(4.000 euro x 4% x 55/365gg) = 24,11 €

Il risultato finale si attesta quindi a:

500 euro – 24,11 euro = 475,89 €

La performance, che complessivamente è pari al 11,89% (475,89 / 4.000), sale al 237,95% se si tiene conto del capitale richiesto dall'operazione, i 200 euro di emarginazione:

(475,89 / 200) x 100 = 237,95%

Esempio marginazione Short

Supponiamo di vendere 10.000 CFD su Telecom Italia a un prezzo pari a 1 euro e di chiudere l'operazione 25 giorni dopo acquistando 10.000 CFD a 0,91 euro. L'operazione richiede un margine pari a 500 euro (il 5% di 10.000 euro) e genera a fine periodo il seguente risultato:

(-1+0,91) x 10.000 = 900 euro

A questo bisogna aggiungere gli interessi relativi alla emarginazione short. Supponendo come nell'esempio precedente un tasso Euribor pari all'1,5% gli interessi ammontano a:

(10.000 euro x -1% x 25/365gg) = -6,85 €

Il tasso di remunerazione in questa situazione è negativo per l'attuale basso livello raggiunto dall'Euribor.

Totale netto interessi: 900 – 6,85 = 893,15 €

Questo non toglie che in futuro la remunerazione delle posizioni short possa tornare ad avere un saldo positivo. Il risultato finale della quota interessi nell'esempio sopra riportato si attesta quindi a 893,15 euro.

La performance in questo caso è pari a:

8,93% (893,15 / 10.000) x 100 = 8,93%

Performance che sale, se si tiene conto del margine realmente impiegato di 500 euro al:

(893,15 / 500) x 100 = 178,63%

La Leva Finanziaria

La leva finanziaria è quel meccanismo tale per cui l'investitore, attraverso uno strumento derivato, controlla un determinato sottostante investendo solo una frazione del capitale necessario per acquisirne il possesso. In questo modo, quando il valore del sottostante si modifica, le variazioni percentuali dello strumento con leva sono maggiori rispetto a quelle dell'investimento diretto nel sottostante.

- La leva finanziaria è espressa dal rapporto tra il valore delle posizioni aperte e il capitale investito. Attraverso l'utilizzo della leva finanziaria, quindi, un soggetto ha la possibilità di acquistare o vendere attività finanziarie per un ammontare superiore al capitale posseduto e, conseguentemente, di beneficiare di un rendimento potenziale maggiore rispetto a quello derivante da un investimento diretto nel sottostante ma, allo stesso tempo, si trova esposto al rischio di perdite molto significative.

Sono molti gli esempi di leva finanziaria, individuabili anche nell'ambito della nostra vita quotidiana, quale, ad esempio, l'utilizzo della leva finanziaria nell'attività immobiliare, la cosiddetta "leva del credito". Nell'attività immobiliare, infatti, utilizzare la leva finanziaria significa ricorrere al debito, leggasi mutuo bancario, come fonte di finanziamento per l'acquisto dell'immobile, soluzione presa in considerazione da chi non ha tutta la somma a disposizione per acquistare una casa. Supponiamo di acquistare una casa del valore di 200.000 euro, disponendo di 40.000 euro; il resto della cifra, 160.000 euro, è, quindi, messo a disposizione dalla banca, il che ci porta a concludere che stiamo utilizzando una leva 1 a 5 in quanto, investendo 1 (40.000 euro) controlliamo 5 volte il capitale investito (200.000 euro).

A questo punto, se volessimo rivendere la casa e trovassimo un acquirente disposto a comprare pagando 240.000 euro, realizzeremmo un profitto, al lordo degli interessi bancari per il mutuo, di 40.000 euro, quindi un profitto pari al 20%:

acquisto a 200.000 meno vendita a 240.000 =
40.000 di guadagno = 20%.

In realtà il nostro profitto non è del 20% (40.000/200.000), ma del 100%, in quanto personalmente abbiamo pagato (investito) solo i nostri 40.000 euro con un ritorno di pari importo in termine di guadagno (40.000 investiti/40.000 guadagnati = 100%).

Questo è un classico esempio di leva finanziaria, altrimenti chiamata, nel caso specifico, leva del credito.

Tuttavia, se, al contrario, dopo esserci esposti per 160.000 euro con la banca non avessimo trovato un acquirente disposto ad acquistare la nostra casa o se fossimo stati costretti a venderla a un prezzo inferiore, ci saremmo trovati a contabilizzare una notevole perdita finanziaria di percentuale variabile in base al prezzo di vendita pattuito.

Nell'esempio, se avessimo dovuto vendere la nostra casa per 160.000 euro, avremmo contabilizzato, sempre escludendo gli oneri finanziari dovuti alla banca per il mutuo, una perdita di 40.000 euro, pari, quindi, al 20% del valore dell'immobile, cosa che avrebbe comunque consentito di rimborsare integralmente la banca per il mutuo ricevuto; tuttavia, in realtà la nostra perdita non sarebbe stata del 20% bensì del 100%, pari all'integralità della somma inizialmente messa a disposizione e pari quindi al 100% del nostro investimento.

- Sapere come funziona la leva è, quindi, il requisito fondamentale per tutti coloro che vogliono iniziare a fare trading.

La leva finanziaria viene utilizzata nel mercato del Forex, nel trading su azioni, indici, materie prime ed è una delle caratteristiche principali del trading su CFD (Contract For Difference); la leva più alta è quella offerta dai broker sul mercato delle valute, per poter trarre profitto anche dai minimi movimenti dei tassi di cambio. Il Forex, infatti, è un mercato a leva particolarmente elevata, dove alcuni broker arrivano a offrire una leva di 1:400 e superiore; naturalmente una leva tanto elevata implica dei rischi, di cui è necessario essere ben consapevoli.

La leva finanziaria è una componente fondamentale del trading attraverso la quale possiamo andare a investire cifre molto più grosse di quelle di cui realmente disponiamo. La leva viene espressa come: 1:X, dove X può assumere valori che vanno da 5 a 400 o addirittura 500 in base al broker con cui trattiamo e in base al sottostante di riferimento.

Ad esempio, usare una leva 1:100 significa che per 1 euro che investiamo, in realtà stiamo muovendo ben 100 euro, di conseguenza con la somma di 100 euro siamo in grado di investire ben 10.000 euro.

Generalmente, i rapporti di leva più utilizzati sono i seguenti:

- 1:5
- 1:10
- 1:20
- 1:50
- 1:100
- 1:200
- 1:400

Perciò, se utilizziamo una leva 1:5, significa che per ogni euro in realtà muoveremo 5 euro, mentre se utilizziamo una leva 1:200, per 1 euro muoveremo ben 200 euro.

Essendo la leva offerta dal broker con cui intratteniamo rapporti di conto, le leve finanziarie disponibili possono variare e non è detto che si trovino per forza le leve precedentemente elencate. Il vantaggio principale della leva è che ci consente di mantenere più liquidità in portafoglio, dato che bisogna vincolare solo una piccola parte del valore dei beni cui siamo interessati; grazie alla leva, infatti, possiamo ottenere un'esposizione molto più grande di quella che otterremmo con il possesso fisico dei titoli, consentendoci di sfruttare al meglio il nostro capitale da investire in una serie di beni diversi anziché limitarci a uno o due soltanto.

Dobbiamo tuttavia ricordare che operando con la leva rinunciamo a tutti i vantaggi derivanti dall'effettivo possesso del titolo (in caso di azioni diritto di voto e incasso dei dividendi) o consegna (nel caso di futures); inoltre è essenziale ricordare che ci potrebbe essere richiesto di versare un margine addizionale per coprire le perdite, qualora il mercato si dovesse muovere nella direzione contraria a quella prevista. Anche le aziende utilizzano le leve per investire in beni dai quali ricavare un rendimento relativamente elevato, utilizzando il debito per finanziare le attività; questo perché le aziende ritengono di poter ricavare da questi investimenti una somma superiore al costo degli interessi che devono pagare sul loro debito. Gli investitori e le aziende hanno a disposizione un'ampia gamma di prodotti a leva, che copre pressoché tutti i mercati cui possiamo essere interessati, con innumerevoli modalità di negoziazione di questi prodotti.

Esempio

Vediamo come funziona il concetto di leva partendo da un caso semplice. Ipotizziamo di avere 100 € a disposizione da investire in un titolo.

Poniamo che le aspettative di guadagno o perdita siano pari al 30%: se le cose vanno bene, avremo 130 €, in caso contrario, avremo 70 €. Questa è una semplice speculazione in cui scommettiamo su un determinato evento.

Nel caso in cui decidessimo di rischiare di più investendo, oltre ai nostri 100 €, anche altri 900 € presi in prestito, allora l'investimento assumerebbe un'articolazione diversa poiché utilizziamo una leva finanziaria di 1:10, investiamo cioè 1.000 € avendo a disposizione un capitale iniziale unicamente di 100 €.

Se le cose andranno bene e il titolo sale del 30%, riceveremo 1.300 €, restituiamo i 900 presi in prestito con un guadagno di 300 € su un capitale iniziale di 100, ottenendo, quindi, un profitto del 300% con un titolo che in sé dava un 30% di rendimento.

Ovviamente sui 900 € presi in prestito dovremo pagare un interesse, ma il principio generale rimane valido: la leva finanziaria permette di aumentare i possibili guadagni.

Considerando l'ulteriore caso dell'investimento in derivati. Ipotizziamo di comprare un derivato che, tra un mese, dà il diritto di comprare 100 grammi di oro a un prezzo fissato oggi di 5.000 €. Le soluzioni sono due:

- Possiamo comprare fisicamente l'oro con un esborso di 5.000 € e tenerlo aspettando che il prezzo salga per poi rivenderlo.

- Utilizziamo i derivati, per cui non dovremo avere 5.000 €, ma unicamente il capitale necessario per comprare il derivato stesso.

Mettiamo che una banca vende per 100 € il derivato che ci consente di comprare tra un mese gli stessi 100 grammi di oro a 5.000 €.

- Se tra un mese l'oro vale 5.500, lo possiamo comprare e rivendere immediatamente, realizzando un guadagno di 500 €. Tolti i 100 € del prezzo del derivato realizziamo con 100 € un profitto di 400 €, ovvero del 400%.

- Senza usare i derivati e la leva finanziaria, gli stessi 500 € li avrei potuti guadagnare solo a fronte di un investimento di 5.000 €, realizzando un profitto del 10%.

Le potenzialità dell'utilizzo della leva finanziaria sono chiare, ma attenzione, l'effetto moltiplicatore della leva finanziaria, descritto con gli esempi precedenti, funziona anche nel caso in cui l'investimento dovesse andare male.

Ad esempio, nel caso in cui decidessimo di investire 100 € in nostro possesso più un'ulteriore somma di 900 € presi in prestito, se il titolo si deprezzasse del 30%, rimarremmo con soli 700 € in mano; dovendo restituire i 900 € presi in prestito più gli interessi e considerando i 100 € del nostro investimento iniziale avremmo una perdita di oltre 300 € su un capitale iniziale di 100 €; in percentuale la perdita sarebbe quindi del 300% a fronte di una diminuzione del valore del titolo del 30%.

Altro elemento da tenere ben presente è che le diverse leve finanziarie si possono cumulare: in questo modo si realizzano operazioni di speculazione utilizzando una "leva finanziaria al quadrato" con evidenti riflessi sulle possibili potenzialità di guadagno... e di perdita.

La Leva finanziaria al quadrato

- Ho solo 10 euro, ne prendo in prestito 90: prima leva di 1:10.

- Uso questi 100 euro per comprare un derivato con il quale controllo petrolio per 5.000 euro: seconda leva finanziaria di 1:50.

- Complessivamente, sto usando una leva finanziaria di 1:500, ovvero con 10 euro posso fare una speculazione per 5.000 euro.

Se la scommessa va come speriamo i profitti sono giganteschi, se però il petrolio cala anche solo di poco sono guai. Infatti, basta un calo dell'1%, ovvero, su 5.000 euro, di 50 euro, per farmi perdere non solo tutto il capitale iniziale, i 10 euro, ma anche una parte di quello preso in prestito. In altre parole, utilizzando leve finanziarie elevate, il rischio non è unicamente nostro, ma ricade anche su chi mi ha prestato i soldi. Se avevo ottenuto il prestito da una banca e non posso restituirlo, questa registrerà una perdita. Il problema vero è che se anche questa seconda banca lavora con una leva finanziaria elevata, ripetendo il ragionamento ora esposto, anche per lei una perdita limitata può avere conseguenze catastrofiche.

• Se una banca ha una leva di 1:50, basta una perdita di un cinquantesimo degli attivi per portarla a rischio default. Continuando il ragionamento, se l'insieme del mondo finanziario lavora con una leva molto elevata prestandosi soldi a vicenda per moltiplicare investimenti e profitti, una perdita di un investitore rischia di innescare un effetto domino e di contagiare l'intera finanza mondiale.

Di fatto oggi gran parte delle grandi banche e degli investitori più aggressivi sfruttano leve finanziarie spropositate, come dire una sterminata montagna di debiti virtuali e di soldi che non esistono. E quando qualcosa va storto e il giocattolo si rompe devono intervenire gli Stati con giganteschi piani di salvataggio, perché le banche sono "too big to fail" e non possono essere lasciate fallire.

Perché sono "too interconnected to fail" e se ne salta una saltano tutte.

Esattamente quello che è avvenuto dopo la crisi del 2007, scaricando sugli Stati e, quindi, sui cittadini i debiti accumulati dal sistema finanziario. Le notizie di questi giorni segnalano che le grandi banche d'affari negli ultimi mesi hanno moltiplicato i loro profitti. Se continuano a vincere, significa che una finanza ipertrofica e fine a se stessa, che genera instabilità e prosciuga l'economia reale, sta diventando sempre più grande e sempre più potente. Se perdono, il rischio concreto è che nuovamente qualcuno debba intervenire per salvarle, ovvero che a tutti tocchi ripianare le perdite, accettando nuovi piani di austerità e stringendo la cinghia.

A questo punto possiamo già indicare i vantaggi e gli svantaggi nell'utilizzo della leva finanziaria.

Vantaggi

- Possibilità di incrementare i propri guadagni in maniera esponenziale.

- Consente di mantenere più liquidità in portafoglio in quanto il trader vincola solo una piccola parte del valore dei beni.

- Consente di ottenere un'esposizione più grande di quella che si potrebbe ottenere con il possesso materiale di un bene.

Svantaggi

- Possibilità di incrementare le perdite in maniera esponenziale arrivando a perdere l'intero capitale investito e oltre.

- Rinuncia di tutti i vantaggi legati all'effettivo possesso in caso di azioni o anche della consegna in caso di futures.

- Potrebbe essere applicato un versamento addizionale per coprire tutte le perdite in caso di chiusura in perdita di un'opzione.

L'uso della leva finanziaria rappresenta uno dei punti di forza del trading con i CFD (Contract For Difference) ma deve essere compreso a fondo per evitare potenziali tranelli.

Per illustrare questo concetto, ci avvaliamo di un esempio dettagliato in cui mostriamo la negoziazione di un CFD azionario con leva finanziaria. I CFD sono prodotti a leva finanziaria e possono pertanto dar luogo a perdite che eccedono il capitale inizialmente versato.

Abbiamo visto che la maggior parte dei CFD non hanno scadenza, quindi si è liberi di tenere aperta la propria posizione per quanto si desidera, andando tuttavia incontro ai costi di overnight, ovvero dei piccoli premi percentuali che spettano al broker in cambio del mantenimento della posizione durante la notte. E' importante evidenziare che i CFD sono strumenti pensati per ottenere risultati in breve tempo, comprando in un mercato al rialzo o al ribasso, al fine di trarre profitto dalle variazioni al rialzo o al ribasso di un titolo. I CFD sono prodotti "di marginazione" e ciò vuol dire che il trader deve sempre mantenere il livello di margine minimo; nel caso in cui la somma di denaro depositata sulla piattaforma CFD scenda a un livello inferiore a quello del margine minimo, il broker effettuerà una margin call, chiamata a margine, in cui si chiederà al trader di coprire velocemente tali margini, che in caso contrario porteranno alla chiusura delle posizioni da parte del broker, al fine di tutelarsi.

Esempio

Supponiamo che le azioni di BNP siano attualmente quotate 6,16 euro. Decidiamo di acquistarne 1.000. Se acquistiamo attraverso un broker, senza considerare le commissioni, il nostro esborso sarebbe di:

1.000 x 6,16= 6.160 euro.

Se acquistiamo le 1.000 azioni di BNP sotto forma di CFD, potremo utilizzare l'effetto leva e versare inizialmente solo una piccola parte dell'intero valore. Per titoli importanti quali BNP, il deposito richiesto è in genere del 5%.
Pertanto, per acquistare 1.000 azioni sotto forma di CFD pagheremmo 1.000 x 6,16 x 0,05 = 308 euro.
Possiamo chiaramente vedere come l'uso della leva finanziaria ci abbia consentito di ridurre drasticamente il nostro esborso di capitale: 308 euro contro 6.160 euro.
Nonostante questo, entrambe le operazioni ci offrono esattamente la stessa esposizione: se il prezzo dell'azione BNP sale o scende, il nostro profitto o la nostra perdita

sarà esattamente la stessa indipendentemente dal fatto che abbiate acquistato le azioni fisicamente o abbiate utilizzato il servizio di trading CFD. Supponiamo che BNP scenda a 5,82. A questo punto decidiamo di limitare le perdite chiudendo la nostra posizione. Se avessimo acquistato fisicamente 1.000 azioni, le venderemmo a 5,82 euro ottenendo:

$$1.000 \times 5,82 = 5.820 \text{ euro}$$

con una perdita di:

$$6.160 - 5820 = 340 \text{ euro, pari al } 5,50\%.$$

Se avessimo, invece, acquistato 1.000 CFD azionari, la nostra perdita viene calcolata prendendo la differenza tra il valore di apertura e di chiusura dell'azione e moltiplicandolo per il numero di contratti acquistati. In questo caso, BNP è scesa da 6,16 a 5,82, con una perdita di 0,34 euro, da cui:

$$1.000 \times 0,34 = 340 \text{ euro, pari al } 110\%$$

La quantità della perdita è uguale in entrambi i tipi di transazione (340 euro), anche se con i CFD supera il deposito iniziale di 308 euro. È, quindi, importante pensare sempre in termini di valore totale della posizione e non solo al margine che abbiamo anticipato.

Il Margine

Il margine è un concetto strettamente collegato alla leva finanziaria. Il margine è quella parte di capitale richiesto dal broker per aprire una posizione con leva finanziaria con lo scopo di coprire le perdite potenziali. Il margine necessario per poter utilizzare la leva cambia da broker e broker, così come a seconda della leva che utilizzerete.

Esempio

Consideriamo un capitale di partenza pari a 5.000 e una leva di 1:200.

- Apriamo una posizione di acquisto di un lotto su EUR/USD con quotazione 1,1171/1,1173.
- Per acquistare una quantità di 10.000 il margine iniziale è dello 0,50%, perciò 50 euro.
- Il capitale disponibile perciò sarà di:

$$5.000 - 50 = 4.950$$

- Nel caso vi sia una variazione di 10 pips, dovrò calcolare il valore del pip per EUR/USD, in questo caso 89 centesimi e applicarlo alla variazione.
- Perciò avrò 10 pips x 89 centesmi = 8,9 euro.
- La variazione positiva sarà stata di 8,9 euro.
- A questo punto, se chiudessimo la posizione avremmo 5.0008,9 euro, poiché il margine iniziale mi verrà restituito.

Varie sono le tipologie di margine, variabile a seconda del prodotto finanziario su cui andiamo a investire; mediamente si passa dallo 0,5-1% per operazioni sul Forex e sui principali indici, all'1-1,5% per gli investimenti sulle materie prime, per finire intorno al 5% per il mercato azionario.

• Margine Iniziale: consiste in una percentuale che il trader versa come garanzia al fine di poter negoziare determinati titoli. Questo occorre a creare delle garanzie sufficienti a coprire i costi teorici di liquidazione che il broker sosterrebbe, in caso di insolvenza, per liquidare il portafoglio del trader nello scenario di mercato più sfavorevole possibile. Quindi, nel caso un titolo da voi acquistato subisse dei ribassi repentini, il broker andrà a liquidare la vostra posizione al fine di non subire danni economici consistenti. Il margine iniziale assume valore differenti a seconda del tipo di sottostante su cui si fa trading. Nel caso di azioni, il margine iniziale è compreso nel range tra il 3 e il 30%. Per quello che riguarda tutti gli altri strumenti finanziari, il margine è molto più ridotto ed è collocato nella forchetta tra lo 0,5% e l'1%. Questa enorme discrepanza tra azioni e resto degli strumenti finanziaria ha origine alla luce dell'ammontare del rischio percepito. In poche parole se il rischio percepito è alto allora anche il margine lo sarà. Tra i diversi assets sono le azioni a poter generare le oscillazioni maggiori e, quindi, un possibile maggiore guadagno ma anche una possibile maggiore perdita.

- Margine di Mantenimento: serve a mantenere una posizione aperta. Il margine di mantenimento, a differenza del margine iniziale, è una somma aggiuntiva che il broker richiede a garanzia, in cambio delle operazioni con leva finanziaria. Il margine di mantenimento è una forma di tutela del broker nel caso in cui una nostra operazione dovesse andare male e non fossimo in grado di ripagare l'effetto leva. In questo caso, il broker utilizzerà il margine di mantenimento come livello di guardia dell'equity (saldo + conto economico posizioni aperte) e se questo dovesse giungere agli sgoccioli, lo stesso broker ci avviserà al fine di chiederci se aumentare il livello dell'equity oppure chiudere la posizione. Nel caso il broker non ottenga risposta, questi chiuderà la posizione evitandoci anche di andare in rosso. I requisiti di livello del margine di mantenimento sono diversi e specifici per ciascuno strumento finanziario, quindi, per ogni strumento selezionato potrà valere un diverso margine di mantenimento. Il margine di mantenimento è sempre monitorato in tempo reale e una volta che tale margine richiesto supera una determinata percentuale sarà inviato un avviso. La principale differenza tra margine iniziale e margine di mantenimento riguarda l'impatto dei due indicatori sul conto personale del trader. Il margine di mantenimento, infatti, può avere effetto sia positivo sia negativo sul saldo del conto del trader. Viceversa il margine iniziale sarà sempre e solo detratto dal conto del trader. La ricopertura eventuale scatterebbe in automatico nel momento in cui il trade genera un profitto.

- Margin Call: questo termine indica un versamento al quale il trader è chiamato dal broker. Se le nostre posizioni aperte sono in perdita e cadono oltre i livelli di margine utilizzabile, subentrerà una chiamata di margine per chiedere di ripristinare il livello dell'equity, altrimenti alcune o tutte le posizioni aperte saranno chiuse dal broker al prezzo di mercato. Si tratta, quindi, del deposito di una somma suppletiva che è necessaria per poter continuare a sostenere una maggiore esposizione. Il margin call detto anche chiamata a margine va utilizzato con molta cautela in modo tale da poter garantire protezione senza trasformarsi in un ulteriore strumento di rischio. Ad avvisare il trader circa la necessità di intervenire con un nuovo versamento è lo stesso broker. La funzione del margin call si attiva in modo automatico in presenza di determinate condizioni, chiamata che arriva in un momento preciso, che il broker stabilisce in base al livello dell'equity.

A questi calcoli non abbiamo aggiunto il fattore dello spread, ovvero una quota che il broker trattiene per il proprio profitto (non prevede commissioni, ma guadagna in base allo spread moltiplicato per l'importo investito). Lo spread varia da titolo a titolo, da strumento a strumento, perciò non c'è un costo fisso calcolabile. Il valore dello spread è incluso nei dettagli dei singoli strumenti ed è costituito dalla differenza di prezzo di acquisto e vendita di un titolo in un dato momento.

Esempio

Effettuiamo la registrazione presso un broker e versiamo 600 €.
Saldo disponibile: 600 €
Conto Economico: 0 €
Equity: 600 €

* 10:30 - Acquistiamo 10 azioni Google a 500 € tramite un CFD.

L'importo totale acquistato è di: $10*500 € = 5.000 €$
Il margine iniziale necessario per 10 azioni Google è del 10% = 500 €
Il margine di mantenimento necessario per mantenere 10 azioni Google è del 5% = 250 €

Qualora l'equity scenda oltre i 250 € verrà attivata un'opzione call del margine e il broker liquiderà le posizioni aperte.
Il saldo disponibile successivo all'acquisto delle azioni Google è di: 600 € – (10%*5.000 €) = 100 €
Conto economico = 0 €
Equity: 600 € (600 € + 0 €)

* 11:15 – Le azioni Google scendono a 480 €.

Saldo: 600 €
Saldo disponibile: 0 €.
Infatti: [600 € - 10%*5.000 € + 10*(480 € - 500 €)]
Conto economico = (10*480 € – 10*500 €) = -200 €
L'Equity sarà di 400 € ovvero (-200 € + 600 €)

- 13.00 – Le azioni Google scendono a 450 €.

Si attiva un'opzione call del margine e il broker liquida la posizione.
Saldo: 600 €
Saldo disponibile: 0 €.
Infatti: [600 € – 10%*5000 € + 10*(450 €-500 €)]
Conto economico = (10*450 € – 10*500 €) = -500 €
Equity: 100 € (-500 € + 600 €)

La ragione per cui viene attivata un'opzione call del margine è perché l'Equity è di 100 € mentre sono necessari 250 € (ovvero il 5% di 500 € x 10 azioni = 5% su 5.000 € = 250 €) per tenere aperta una posizione su 10 azioni Google.
Pertanto il broker ha liquidato la posizione.
Il saldo corrente adesso è:
Saldo: 100 € (il saldo cambia solo quando si chiude una posizione o si preleva del denaro).
Saldo disponibile: 100 € (Depositi – prelievi + conto economico delle posizioni chiuse)
Conto economico = 0 € (nessuna posizione aperta)
Equity: 100 € (saldo + conto economico delle posizioni aperte).

Vediamo come si calcola il margine.
Anzitutto, diciamo che il margine varia in base alla leva applicata. La formula da eseguire per il calcolo è la seguente:

Margine richiesto in % =
(1 / leva massima disponibile) * 100 =
100 / Rapporto di leva

Quindi, in base alla formula, nel caso di una leva massima disponibile pari a 1:100, il margine richiesto per aprire un'operazione sarà uguale all'1% dell'ammontare dell'operazione che vogliamo eseguire.

Esempio

Leva massima disponibile 1:100
Margine in % = (1 / 100) * 100 = 1% dell'ammontare dell'operazione.
Avendo sul conto un margine iniziale pari a 100 € e come leva massima 1:100 possiamo aprire al massimo operazioni di valore pari a 100 € * 100 = 10.000 €.
Infatti, il valore richiesto dal broker come garanzia è pari proprio a: 10.000 € * 1% = 100 €.
Quindi, se con 100 € vogliamo utilizzare una leva 1:100 che ci permette di investire 10.000 €, il margine è pari all'1%, ovvero i 100 € che in realtà stiamo investendo.
Supponiamo adesso di voler acquistare 1.000 azioni della società XY al prezzo corrente di 1 €, operazione che ci costerebbe 1.000 €.

80

Se il prezzo si alza di 20 centesimi per azione, possiamo chiudere la nostra posizione a 1.000 azioni x 1,20 € pari a 1.200 € e realizzare 200 € di profitto, ossia il 20%.

Tuttavia, ci viene offerta la possibilità di acquistare le azioni XY usando la leva finanziaria; dovremo semplicemente versare un margine, ossia una percentuale dell'intera somma di 1.000 €, in cambio di un'esposizione totale.

Supponiamo che il margine iniziale sia del 10%
Pagheremo 10% x 1 € x 1.000 azioni = 100 €.
Se il prezzo dell'azione dovesse salire da 1 € a 1,20 € realizzeremmo lo stesso profitto, 200 €, garantito da una transazione azionaria tradizionale.

Abbiamo, quindi, realizzato lo stesso profitto in entrambi i casi, ma usando la leva abbiamo dovuto sborsare solo un deposito di 100 € anziché l'intera somma di 1.000 €.

In questo caso il nostro rendimento effettivo è stato del 100% anziché solo il 20% che avremmo realizzato acquistando direttamente i titoli.

Riportiamo nella tabella seguente i margini per le leve finanziarie più utilizzate.

Leva				Margine
1:10	→	100/10	=	10%
1:50	→	100/50	=	2%
1:100	→	100/100	=	1%
1:200	→	100/200	=	0.5%
1:500	→	100/500	=	0.2%

81

Perciò, se vogliamo utilizzare una leva 1:100 e muovere un capitale pari a 50.000 €, dovremo pagare al broker il margine pari al 1% del capitale totale, i 50.000 € ottenuti tramite la leva finanziaria, ovvero, avremo bisogno di 500 € per poter aprire la nostra posizione di 50.000 €.

Ritorniamo, quindi, al grande vantaggio della leva finanziaria, ovvero, possiamo investire capitali molto maggiori di quelli di cui disponiamo.

Con soli 1.000 € e una leva 1:100, possiamo investire qualcosa come 100.000 €, e, come ormai sappiamo, i guadagni vengono calcolati proprio sulla cifra che muoviamo tramite la leva finanziaria, quindi sui 100.000 €, e non sul margine che in realtà paghiamo al broker per utilizzare la leva finanziaria.

Sarebbe davvero bello se la leva finanziaria si limitasse solamente ad amplificare i guadagni. Peccato però, che la leva finanziaria amplifica anche le perdite, e, come per i guadagni, anche tutte le perdite vengono calcolate sulla cifra che muoviamo tramite la leva e non sul margine.

Ciò significa che anche piccole variazioni del valore di un asset ci permettono di portarci a casa ottimi profitti, ma allo stesso tempo, piccole variazioni nella direzione sbagliata possono bruciarci tutto il capitale che abbiamo pagato al broker, ovvero il margine.

Esempio

Vediamo meglio di capire la leva finanziaria e il suo rischio tramite un rapido esempio di trading CFD.

Immaginiamo di utilizzare una leva 1:10 per fare trading CFD. Il trading CFD (contract for difference) ci permette di fare trading con differenti tipi di asset, tra cui:

- Titoli azionari
- Indici azionari
- Coppie di valute
- Materie prime

Noi scegliamo i titoli azionari, perché secondo le nostre analisi, il titolo azionario della società X è destinato a salire nelle prossime giornate. Il valore attuale del titolo azionario della società X è pari a 3,00 €. Mettiamo di voler comprare 1.000 azioni della società X.

- Nel classico mercato azionario, per comprare 1.000 azioni della società X, dovremmo sborsare ben 3.000 €: prezzo singola azione moltiplicato per quantità di azioni che vogliamo comprare. Se il prezzo delle azioni aumenta e raggiunge i 3,30 €, avremmo un guadagno pari a 300 €, dato che se rivendessimo adesso le azioni incasseremmo ben 3.300 €, avendone spesi 3.000 per comprarli: quindi la differenza è pari al nostro guadagno.

- Vediamo cosa succede se, invece, utilizziamo il trading CFD e, quindi, la leva finanziaria. Se scegliamo la leva 1:10, dobbiamo pagare un margine pari al 10% della nostra posizione, ovvero la cifra totale che andremo a muovere con la leva finanziaria. Comprare 1.000 azioni della società X equivale a sborsare 3.000 €, ma tramite la leva finanziaria, possiamo pagare come margine 300 € al

nostro broker, e muovere un capitale di 3.000 €.
Anche in questo caso, se il valore aumenta fino a
3,30 € per azione, otterremmo sempre 300 € euro di
guadagno. Abbiamo, quindi, ottenuto un ritorno pari
al 100% del nostro investimento, quando con il
mercato azionario avremmo ottenuto un ritorno pari
al 10%.

La differenza è la seguente:
* Nel mercato azionario, abbiamo dovuto investire
  3.000 € per aprire la nostra posizione di 1.000 azioni
  della società X.
* Nel mercato CFD, abbiamo dovuto investire 300 €, il
  margine, per aprire la nostra posizione di 1.000
  azioni della società X.

Esempio

Ipotizziamo che BP sia quotata 4,75 € per azione.
Decidiamo di acquistare 1.000 azioni BP a questo prezzo.
Se acquistiamo l'intero valore dei titoli, pagheremo 4.750
€. La massima perdita possibile, quindi, nel caso in cui il
prezzo della azioni BP scenda a zero, è di 4.750 €.
Espressa in percentuale, la perdita ammonta al 100%, il
nostro intero investimento.
Grazie alla leva, possiamo esporci allo stesso numero di
titoli BP versando solo una piccola parte dell'intero prezzo
di acquisto. Per titoli importanti quali BP, il margine
richiesto è soltanto del 5%.

Questo significa che dobbiamo versate 5% x 4,75 € x 1.000 azioni = 237,50 € per la stessa esposizione ottenuta acquistando fisicamente gli asset.

Se il prezzo BP scende a zero, perderemo i 4.750 €. La nostra perdita massima, in entrambi i casi, è la stessa e viene calcolata moltiplicando la variazione di prezzo del titolo (4,75 € – 0 = 4,75) per il numero di azioni (1.000) = 4.750 €. Espressa in percentuale sul versamento iniziale in un contesto di trading con leva finanziaria, la perdita ammonterebbe al 200%.

Esempio

Ipotizziamo di avere un conto di 2.000 $; operiamo con una leva di 1:100 e acquistiamo un minilotto, valore nominale 10.000 $, su EUR/USD.
Margine in %: 100/100 = 1% = 0,01
Margine richiesto per trade: 1,3630 * 10.000 $ * 0,01 = 136,3 $
Questi 136,3 $ o l'equivalente nella valuta del conto vengono "bloccati" come garanzia per poter coprire eventuali perdite e non possono essere usati per aprire nuove posizioni.
Quello che rimane nel mio conto calcolando anche i profitti e/o le perdite delle posizioni aperte è definito Margine utilizzabile che può essere, quindi, utilizzato per aprire nuove posizioni.
Più posizioni apro contemporaneamente, più il mio margine utilizzato salirà e quello utilizzabile diminuirà.
Quando il margine utilizzabile arriva a zero, scatterà la margin call e il broker chiuderà automaticamente la/le

posizioni aperte per evitare che possa perdere più di quanto abbia sul conto.

Esempio

Facciamo un esempio nel caso di leva 1:100. Supponiamo di avere sul nostro conto 1.500 $ e supponiamo di voler acquistare USD/CAD al prezzo di 1,2000.

Se decidiamo di acquistare 1 lotto standard, ovvero 100.000 $, dovremmo in teoria disporre di 100.000 x 1,2 = 120.000 dollari.

L'operazione teoricamente non sarebbe possibile per il nostro piccolo conto ma, grazie alla leva, possiamo farlo, in quanto, il Broker ci permette di aprire questa posizione a condizione di avere il margine necessario, cioè l'1% (leva 1:100) dei 100.000 dollari, quindi, avendo 1.000 $ ci viene concesso di operare.

Non appena aperta la posizione, il nostro margine disponibile scenderà di 1.000 € e ci resterà un margine disponibile di soli 500 $.

Questo comporta che saremo in grado di "sopportare" una perdita non superiore a 500 $: se ciò dovesse accadere, il Broker chiuderà in modo forzato la posizione e si sarà verificata quella che in gergo è definita "Margin Call" (chiamata di margine).

Tanto per rendere un'idea, se la quotazione dovesse scendere, per esempio, da 1,2000 a 1,1990 ci troveremmo in perdita di 100 $: questo perché 120.000 − 119.900 = 100 $. Nel caso opposto, guadagneremmo 100 $, se la quotazione dovesse salire a 1,2010. Infatti, in questa situazione, come abbiamo visto in precedenza,ogni singolo pip vale ben 10 $.

Quando si aprono più posizioni contemporaneamente occorre essere molto attenti al margine, ed è per questo che non conviene mai esagerare con i Lotti. Costringere il Broker a una chiamata di margine è una cosa che non dovrebbe mai accadere. Se ciò dovesse accadere, significherebbe essere esposti in modo esagerato.

Esempio

Confrontiamo i risultati ottenuti da due trader che acquistano rispettivamente 50 lotti (trader A) e 5 lotti (trader B) di USD/JPY nel caso in cui il cambio scende di 100 pips a loro sfavore.

Trader A
- Patrimonio: 10.000 $
- Valore nominale negoziato: 500.000 $, dati da 50 lotti da 10.000 $.
- Leva - 1:50.
- Perdita di 100 pips in dollari: -4.150 $.
- % perdita di patrimonio: 41,5%.
- % di patrimonio residuo: 58,5%.

Trader B
- Patrimonio: 10.000 $
- Valore nominale negoziato: 50.000 $, dati da 5 lotti da 10.000 $.
- Leva - 1:5.

- Perdita di 100 pips in dollari: -415 $.
- % perdita di patrimonio: 4,15%.
- % di patrimonio residuo: 95,85%.

Impiegando una leva inferiore, il trader B riduce drasticamente l'impatto in dollari di una perdita di 100 pips a conferma che quando si utilizza una leva eccessiva, poche operazioni in perdita possono annullare rapidamente i guadagni generati da un numero elevato di operazioni vincenti. L'esempio appena visto ha illustrato in modo chiaro il meccanismo che può portare a queste conseguenze.

Esempio

Supponiamo di acquistare 1 lotto di EUR/USD; il margine che ci viene richiesto è 1%.
Il Capitale rimane a 10.000 $, mentre il margine utilizzato è adesso 100 $, perché il margine richiesto in un conto mini è di 100 $ per ogni lotto.
Il margine utilizzabile è invece 9.900 $.
Se chiudessimo l'operazione rivendendo il nostro lotto di EUR/USD allo stesso prezzo al quale lo abbiamo comprato, il margine utilizzato ritornerebbe a 0,00 $ e il margine utilizzabile a 10.000 $.
Il Capitale resterebbe invariato a 10.000 $.
Ma se invece di chiudere il lotto, acquistiamo altri 79 lotti di EUR/USD, per un totale di 80 lotti, avremo sempre lo stesso Capitale di 10.000 $, ma il margine utilizzato andrebbe a 8.000 $ (80 lotti a 100 $ di margine per lotto),

mentre il margine utilizzabile scenderebbe adesso a soli 2.000 $.
Con questa posizione aperta, otterremmo un profitto enorme se EUR/USD salisse; tuttavia EUR/USD comincia a scendere.
Il Margine Utilizzato resterà a 8.000 $, mentre quando il Capitale scenderà sotto 8.000 $, avremo una Margin Call (Richiesta di Margine).
Questo significa che parte o tutto degli 80 lotti verranno immediatamente chiusi al prezzo attuale di mercato.
La Margin Call si innescherà se il mercato si sposta contro di noi di 25 pips.
Vediamo come si arriva a questi 25 pips.
Ogni pip in un lotto mini vale 1 $ e noi abbiamo una posizione aperta di 80 mini lotti.
Quindi:

$$1 \, \$/pip \times 80 \, lotti = 80 \, \$/pip$$

Se EUR/USD sale di 1 pip, il Capitale cresce di 80 $.
Se EUR/USD scende di 1 pip, il Capitale scende di 80 $.

Di conseguenza, 2.000 $ di margine utilizzabile diviso per 80$/pip = 25 pips.
Supponiamo di aver acquistato gli 80 lotti di EUR/USD a 1,2000 $.
Se EUR/USD scendesse a 1,1975, quindi di 25 pips, avremmo:
Capitale = 8.000 $
Margine utilizzato = 8.000 $

89

Margine utilizzabile = 0, quindi riceviamo una Margin Call.

Dopo la Margin Call il nostro conto è il seguente:

Capitale 8.000 $

Margine utilizzato = 0 $

Margine utilizzabile = 0 $

Abbiamo perso 2.000 $, il 20%, nel giro di pochi secondi.

Esempio di Trading Long

Supponiamo che il prezzo attuale delle azioni GAMMA sia compreso tra 3,10 e 3,11euro. Compriamo 1.000 azioni GAMMA aprendo una posizione long.
A questo punto potranno verificarsi due condizioni:

• Il prezzo aumenta da 3,10/3,11 a 3,20/3,22 (denaro/lettera).

Numero di CFD: 1.000
Valore di acquisto: 1.000 x 3,11 = 3.110 €
Margine iniziale richiesto: 10%
Pagamento iniziale richiesto: 3.110 x 10% = 311,00 €
Valore della vendita: 1.000 x 3,20 = 3.200 €
Profitto: 3.200 - 3.110 = 90 €
Profitto in percentuale: 90 / 311 = 28,93%

Se avessimo acquistato direttamente l'azione avremmo avuto il medesimo guadagno di 90 euro (3.200 - 3.100 = 90), ma con un esborso iniziale molto superiore e con un rendimento percentuale di solo il: 90 / 3.110 = 2,89%.

- Il prezzo diminuisce da 3,10/3,11 a 3,00/3,10 (denaro/lettera).

Numero di CFD: 1.000
Valore di acquisto: 1.000 x 3,11 = 3.110 €
Margine iniziale richiesto: 10%
Pagamento iniziale richiesto: 3.110 x 10% = 311,00 €
Valore della vendita: 1.000 x 3,00 = 3.000 €
Profitto: 3.110 - 3.000 = -110 €
Profitto in percentuale: -110 / 311 = -35,37%

Se avessimo acquistato direttamente l'azione avremmo avuto la medesima perdita di 110 euro (3.110 - 3.000 = -110), ma con una percentuale di incidenza molto minore (110 / 3.110 = 3,53%) e un margine di capitale disponibile decisamente maggiore (3.110 - 110 = 3.000 € in cassa) contro una disponibilità di cassa persa per oltre un terzo (311 - 110 = 200 euro residui).

Tutto ciò a ulteriore riprova che, seppur vero che le operazioni con i CFD richiedono margini iniziali molto più contenuti (effetto leva) rispetto a un acquisto diretto dell'asset di riferimento, è altresì vero che se il mercato non volge nella direzione prevista, o comunque desiderata, le perdite si amplificano in maniera esponenziale, potendo comportare anche l'intera perdita del capitale investito e oltre.

Quanto dimostrato con questo esempio vale ovviamente nel caso di trading short, che è l'opposto del trading long ed è utilizzato nella modalità che implica che il valore dell'asset sottostante possa scendere.

Esempio

Operazione sul Forex per EUR/USD.

Quotazione: 1,32624/1,32632 (denaro/lettera).

Apriamo una posizione acquistando 1 contratto EUR/USD a 1,32632.

Valore di 1 contratto = 100.000 $.

La copertura richiesta per un contratto di 100.000 $ è dello 0,5%, quindi pari a: 100.000 x 0,5% = 500 $.

- Supponiamo che il corso EUR/USD aumenti a 1,33777/1,33785.

Vendendo alla quotazione di 1,33777 realizziamo un guadagno pari a:

$$(1,33777 - 1,32632) \times 100.000 \text{ \$ valore di un contratto} =$$
$$0,01145 \times 100.000 = 1.145 \text{ \$}$$

che corrisponde a un guadagno percentuale del 1.145/500 = 229%, una percentuale stratosferica rispetto al capitale investito. Va da sé che lo stesso importo di 1.145 $ lo avremmo guadagnato lo stesso acquistando e poi rivendendo direttamente i dollari, con un esborso iniziale molto superiore (132.632 $) e con una esigua percentuale del: 1.145 / 132.632 = 0,86%.

Supponiamo, invece, che il valore EUR/USD scenda improvvisamente a 1,31487.

In questo caso andando a chiudere la nostra posizione registriamo una perdita di:

$$(1,31487 - 1,32632) \times 100.000 =$$
$$-0,01145 \times 100.000 = -1.145 \ \$$$

che corrisponde a una perdita percentuale del:

$-1.145/500 = -229\%$, ovvero una percentuale che, non solo ci ha fatto perdere l'intero capitale investito (500 $), ma ci ha obbligato a immettere nuova liquidità per oltre il doppio, a ulteriore dimostrazione di come le perdite si possono amplificare in maniera esponenziale grazie al margine e alla leva finanziaria. Da notare che, se avessimo acquistato e in seguito rivenduto, pur in perdita, la nostra posizione EUR/USD avremmo sì realizzato una minusvalenza di 1.145 $, che però avrebbe inciso in maniera marginale sul nostro capitale investito:

$$-1.145 / 132.632 = -0,86\%$$

Esempio marginazione multiday Long

Supponiamo di acquistare 1.000 CFD Mediaset a 4 euro e di venderli dopo 55 giorni a 4,50 euro. Per semplificare i calcoli evitiamo di riportare le commissioni.
Il profitto generato dall'operazione, che richiede un margine pari a 200 euro (5% di 4.000 euro) è così calcolato:

$$(4,50 - 4) \times 1000 = 500 \ euro$$

93

Da questo valore bisogna detrarre gli interessi passivi da marginazione. Supponendo un tasso Euribor + spread pari al 4%, gli interessi risultano pari a:

$$(4.000 \text{ euro} \times 4\% \times 55/365gg) = 24,11 \text{ euro}$$

Il risultato finale si attesta quindi a:

$$500 \text{ euro} - 24,11 \text{ euro} = 475,89 \text{ euro}$$

La performance, che complessivamente è pari al 11,89% (475,89/4.000), sale al 237,95% se si tiene conto del capitale richiesto dall'operazione, 200 euro di emarginazione:

$$475,89/200 = 237,95\%$$

In dettaglio:

- Acquisto 1.000 CFD su Mediaset
- Prezzo acquisto: 4,00 euro
- Totale acquisto: 4.000 euro
- Margine = 5% = 200 euro

- Vendita 1.000 CFD su Mediaset
- Prezzo vendita: 4,50 euro
- Totale vendita: 4.500 euro

Rendimento lordo = 4.500 - 4.000 = 500 euro

- Durata operazione: 55 giorni
- Tasso interesse Euribor 1,5% + spread 2,5% = 4%

Totale interessi = 4.000 x 4% x 55/365 = 24,11 euro

Rendimento netto = 500 - 24,11 = 475,89 euro

Di conseguenza:

Rendimento senza emarginazione:

$$(475,89 / 4.000) \times 100 = 11,89\%$$

Rendimento con marginazione :

$$(475,89 / 200) \times 100 = 237,95\%$$

Esempio marginazione multiday Short

Supponiamo di vendere 10.000 CFD su Telecom Italia a un prezzo pari a 1 euro e di chiudere l'operazione 25 giorni dopo acquistando 10.000 CFD a 0,91 euro. L'operazione richiede un margine pari a 500 euro (il 5% di 10.000 euro) e genera a fine periodo il seguente risultato:

$$(-1 + 0,91) \times 10.000 = 900 \text{ euro}$$

A questo bisogna aggiungere gli interessi relativi alla emarginazione short. Supponendo, come nell'esempio precedente, un tasso Euribor pari all'1,5% gli interessi ammontano a:

95

(10.000 euro x -1% x 25/365gg) = -6,85 euro

Il tasso di remunerazione in questa situazione è negativo per l'attuale basso livello raggiunto dall'Euribor. Questo non toglie che in futuro la remunerazione delle posizioni short possa tornare ad avere un saldo positivo. Il risultato finale della quota interessi nell'esempio sopra riportato si attesta quindi a 893,15 euro. La performance in questo caso è pari al 8,93% e sale al 178,63% se si tiene conto del margine realmente impiegato (500 euro). In dettaglio:

- Vendita 1.000 CFD su Telecom
- Prezzo vendita: 1,00 euro
- Totale vendita: 10.000 euro
- Margine = 5% = 500 euro

- Riacquisto 1.000 CFD su Telecom
- Prezzo riacquisto: 0,91 euro
- Totale riacquisto: 9.100 euro

Rendimento lordo = 10.000 - 9.100 = 900 euro

- Durata operazione: 25 giorni
- Tasso interesse Euribor 1,5% - spread 2,5% = - 1%

Totale interessi = 10.000 x -1% x 25/365 = -6,85 euro

Rendimento netto = 900 - 6,85 = 893,15 euro

96

Di conseguenza:

Rendimento senza emarginazione:

$(893,15 / 10.000) \times 100 = 8,93\%$

Rendimento con emarginazione:

$(893,15 / 500) \times 100 = 178,63\%$

CFD e Dividendi

I dividendi sono la parte dei profitti di una società che viene distribuita agli azionisti; quando una società ottiene un profitto, il management sceglie se reinvestirlo nell'azienda o corrisponderlo agli azionisti sotto forma di dividendi.

Le società più solide scelgono di raggiungere un compromesso reinvestendo una percentuale e versando il resto come dividendo, sotto forma di denaro contante o azioni. I dividendi possono compensare la staticità di un prezzo azionario, garantendo agli azionisti una fonte di guadagno alternativa.

Il valore del dividendo, nel giorno dello stacco del medesimo, chiamato Ex-data", viene aggiunto al conto per una posizione lunga aperta o dedotto per una posizione corta aperta.

La "Ex-data" è la data alla quale le azioni di una data società pagano un dividendo e ciò si riflette nel prezzo delle azioni stesse.

Nel caso di CFD su ETF e Azioni:

* Su posizioni lunghe, verrà aggiunto l'importo netto del dividendo, ovvero l'importo lordo dedotta la tassa sul dividendo, tassazione che è diversa da paese a paese.Ad esempio, la Ex-data per le azioni della società ALFA è il 30 giugno di ogni anno. La società ha annunciato un dividendo lordo di 0,59 € per azione. Se la tassa sui dividendi è del 10%, allora per

ogni azione ALFA che si possiede prima del 30 giugno riceveremo un dividendo netto pari a: 0,59 - (0,59 x 10%) = 0,531 €.

- In caso di posizioni corte (short), invece, sarà trattenuto l'importo lordo del dividendo, pari a 0,59 €, ovvero dovremo pagare un dividendo lordo di 0,59 €.

Nel caso di CFD su indici:
- L'importo del dividendo che riceveremo viene calcolato proporzionalmente al peso della società incluso nell'indice. Attenzione, essendo il peso dei singoli componenti in ogni indice calcolato utilizzando un metodo diverso, la distribuzione dei dividendi stessa sarà calcolata diversamente per ogni indice. Ad esempio, la Ex-data per le azioni della società ALFA è il 30 giugno di ogni anno. La società ha annunciato un dividendo lordo di 0,59 € per azione. La società ALFA è una componente dell'indice XY40 e il suo peso nell'indice è del 5,45%. Il prezzo di chiusura al 30 giugno della società ALFA è di 92,68 €, mentre il valore dell'indice XY40 è pari a 13.172,76.

In questo caso avremo:

Dividendo per 1 CFD sull'indice XY40 =

0,59 € x ((13.172,76 x 5,45%) / 92,68 €) = 4,57 €

Quindi, in caso di posizione lunga riceveremo 4,57 € per ogni CFD sull'indice XY40, mentre in caso di posizione corta ci saranno trattenuti 4,57 € per ogni CFD.

Tassazione dei CFD

Le plusvalenze e le minusvalenze vanno dichiarate al fisco in forma dichiarativa (regime fiscale dichiarativo) o amministrata dall'intermediario, banca o broker, (regime amministrato). Sulle plusvalenze si paga l'imposta su redditi diversi attualmente: 26%, quindi, su ogni 100 euro guadagnati, 26 sono contributo per lo stato italiano. Qualsiasi reddito prodotto in Italia o all'estero, sia esso di capitale, da lavoro, da utili societari, da partecipazioni, deve essere tassato secondo la relativa aliquota impositiva prevista nello stato di residenza.

Il Regime del risparmio amministrato è il regime facoltativo che il cliente può scegliere in fase di apertura del conto o successivamente inviando apposita comunicazione da lui sottoscritta. Il passaggio da dichiarativo ad amministrato avrà effetto dall'1 Gennaio dell'anno successivo alla richiesta.

Per tale motivo, per i contratti in regime dichiarativo, le richieste di applicazione del "risparmio amministrato" dovranno pervenire entro il 15 Dicembre dell'anno precedente a quello in cui si vuole applicare il nuovo regime. Con la scelta di questo regime, il broker diventa sostituto d'imposta del cliente che non avrà alcun obbligo dichiarativo e di versamento diretto. Nel regime amministrato si ha anche una gestione automatica delle perdite, ovvero un sistema automatizzato per scontare l'imposta su guadagni futuri, recuperare le perdite e tassare l'utile netto.

In sintesi:

- Se nell'anno fiscale 2019 la perdita è stata di 100 € e poi riusciamo a recuperarne 100 nei 4 anni successivi, fine 2023, sui 100 € guadagnati non pagheremo l'imposta. L'utile netto sarà, quindi, pari a 0,0 x 26% = 0.

Il risparmio amministrato prevede che su base giornaliera sia calcolata la plusvalenza o la minusvalenza globale ottenuta nella giornata; come già detto, eventuali plusvalenze potranno essere compensate con minusvalenze realizzate sempre in regime amministrato entro il quarto esercizio precedente.

Il Regime dichiarativo è il regime fiscale ordinario in cui il cliente rientra qualora non selezioni in fase di apertura del conto il regime del "risparmio amministrato".
In questo regime il cliente è tenuto agli obblighi dichiarativi e di versamento delle eventuali imposte dovute. Il cliente dichiara di essere a conoscenza degli obblighi personali di natura dichiarativa in materia fiscale sollevando il broker da qualsiasi responsabilità al riguardo.
Nel regime dichiarativo, entro i termini di scadenza dell'anno successivo, dovremo tenere una dichiarazione dei guadagni usando il modello UNICO Persone fisiche.
Dichiareremo le minusvalenze e le plusvalenze relative a tutti gli strumenti finanziari negoziati con l'intermediario facendo attenzione a tutte le peculiarità derivanti dalle negoziazioni di perdite, e guadagni effettivi (valori mobiliari, quote di OICR, derivati, CFD su valute, su indici, su azioni italiane o estere, opzioni).

Sui guadagni effettivi verseremo l'imposta dovuta.
Verseremo così anche le imposte di bollo quando e come
dovute o imposte su transazioni finanziarie.

Costi dei CFD

L'investimento in CFD è caratterizzato da una serie di costi che si devono tenere conto quando si decide di ricorrere a questa tipologia di strumento derivato.

Innanzitutto occorre distinguere tra i costi fissi e quelli variabili; il costo fisso principale è dato dal margine di base richiesto per l'apertura del trade, che può variare in maniera ampia da broker a broker. Questo perché di norma i CFD sono negoziati sui cosiddetti mercati over the counter (OTC), il che significa che c'è una regolamentazione meno stringente e ogni intermediario può fissare le proprie condizioni. In genere per i CFD azionari il broker chiede un margine che può variare da un minimo del 3% a un massimo del 30%, mentre più basso è quello richiesto dall'intermediario per l'apertura di trade sui CFD aventi come sottostante le valute e le commodities, dall'1% al 5%. L'operatività in CFD è assimilabile a quella in futures, il che significa che oltre al costo fisso del margine iniziale c'è anche quello variabile dato dal margine che viene addebitato o accreditato in ragione dell'oscillazione giornaliera del CFD sul mercato.

A questi costi si possono poi aggiungere le commissioni eventualmente applicate dall'intermediario per l'apertura e la chiusura della posizione, oppure non sono previste commissioni dirette ma indirette legate alle differenze di spread denaro/lettera applicate dal market maker.

I costi sono:

- Il tasso di interesse applicato al finanziamento; quando si investe ai margini, il broker in pratica fornisce un prestito che è dato dalla differenza tra il controvalore dell'operazione e il margine versato.

- Lo spread. Si tratta della differenza tra il prezzo di acquisto e il prezzo di vendita e si basa sul valore del mercato sottostante; è una commissione implicita a favore del broker essendo un market maker. Gli spread sono soggetti a variazione, soprattutto in condizioni di alta volatilità. Da notare che lo spread è variabile in base alla tipologia dell'asset, ovvero a seconda che si investa su CFD su Indici, CFD su materie prime o CFD su valute. Per quanto concerne i CFD azionari, viene in genere addebitata una commissione di negoziazione (mediamente 0,10% sui mercati europei mentre sui mercati statunitensi e canadesi la commissione può anche essere in centesimi per titolo) oltre al pagamento di un interesse sul finanziamento della posizione nel caso in cui questa rimanga in essere anche al termine della giornata (posizione overnight).

- Costo di mantenimento. Si tratta di una commissione che può essere applicata per le posizioni mantenute aperte nel conto alla fine della giornata. Questo valore può essere positivo o negativo a seconda della direzione della posizione. I Costi di Mantenimento sono in genere calcolati come segue:

✓ Per una posizione long:

(unitá x prezzo di apertura dell'operazione x
Tasso di Mantenimento in acquisto) / 365 x
tasso di conversione sulle valute

✓ Per una posizione short:

(unitá x -1 x prezzo di apertura della posizione x
Tasso di Mantenimento in vendita) / 365 x tasso
di conversione sulle valute

Esempio

Il 28 Aprile alle 21.30 circa (Fuso orario UK) il contratto
UK Crude si è spostato dal mese di Giugno a quello di
Luglio.
Tasso intermedio UK Crude Luglio Future 47,48
Tasso intermedio UK Crude Cash 47.79 = -0,31
Scadenza del contratto di Luglio: 30 Maggio - 28 Aprile =
33 giorni
-0.31 / 33 x 365 = -3.42879
-3.42879 / 47.79 = -7.175%
Posizione long = (-7.175% + 2.5%) x -1 = 4.6747%
Posizione short = (-7.175% - 2.5%) x -1 = 9.6747%

- Costo sull'accesso in tempo reale dei mercati
  finanziari. Si tratta di un costo, nel caso in cui un
  investitore che investe in un CFD che ha come
  sottostante un titolo azionario, vuole avere accesso in

tempo reale anche ai dati sull'andamento del titolo in Borsa.

• Costo di inattività per conti dormienti. Si tratta di una commissione che viene applicata ai conti degli investitori che non fanno trading per un determinato periodo di tempo.

La lista dei costi non può essere considerata esaustiva, perché ogni broker può applicare altre commissioni, quindi, è necessario verificare tutti i costi prima dell'investimento per non trovarsi davanti a brutte sorprese.

Rischio dei CFD

I CFD, soprattutto quando il leverage è alto (quanto più alto il leverage del CFD, tanto maggiore il rischio), comportano un elevatissimo livello di rischio. Non sono prodotti standardizzati; ciascun gestore di CFD utilizza termini propri e applica condizioni e costi diversi. In linea di massima, quindi, questo tipo di investimento non è adatto alla maggior parte degli investitori al dettaglio. I CFD non sono adatti a investimenti del tipo "compra e metti da parte". Può essere necessario tenerli costantemente sotto controllo per un breve periodo di tempo (minuti/ore/giorni).

Persino conservare l'investimento overnight ci può esporre a un rischio maggiore e può comportare costi aggiuntivi a nostro carico. La volatilità del mercato borsistico e degli altri mercati finanziari, unita a un leverage molto elevato del nostro investimento, può modificare rapidamente la posizione complessiva dei nostri investimenti, al punto da rendere necessaria un'azione immediata per gestire la nostra esposizione al rischio o per versare un margine aggiuntivo. Quindi, se non abbiamo abbastanza tempo per tenere regolarmente sotto controllo l'andamento del nostro investimento, è meglio non investire in CFD.

Se si opera con i CFD, inoltre, è doveroso utilizzare un trading system, cioè impostare in modo automatico dei livelli di prezzo su cui chiudere l'operazione qualora si verificassero delle perdite.

Ad esempio, è possibile impostare uno stop loss che dice di chiudere l'operazione quando le cose vanno male e si raggiunge una determinata soglia di perdita. Potremmo decidere, ad esempio, di accettare una perdita massima del 5% sulla singola operazione. Ora visto che facendo money management non impegneremo mai più del 5% su operazione, il nostro rischio si attesterebbe sul 5% del 5%, quindi, il rischio massimo che possiamo correre è dello 0,25%.

In pratica, se il nostro conto contiene 1.000 euro (e nella maggior parte dei casi si investe molto ma molto meno) la perdita massima è di 2 euro e 50 centesimi.

Rischio di mercato

Il rischio di mercato è collegato al sottostante: sia che si tratti di azioni che di materie prime, sia che si tratti di obbligazioni o di tassi di cambio sul mercato valutario, l'andamento può, soprattutto con leve finanziarie alte, ovvero con un margine percentuale bassissimo, rapidamente prosciugare il nostro deposito. E' per questo motivo che in genere i broker di CFD o comunque i soggetti che emettono questo tipo di contratti chiedono margini più alti per i contratti che hanno sottostanti particolarmente volatili. Essere nella posizione CFD long significa che si stanno comprando i CFD sul mercato ipotizzando che il prezzo di mercato degli stessi salirà tra il momento dell'acquisto e quello della vendita. Chi è in possesso di una posizione long, in genere registrerà un profitto se il prezzo di mercato degli stessi aumenta, mentre la propria posizione CFD long è aperta e, al contrario, subirà in genere una perdita, se il prezzo di mercato degli stessi cala, mentre la propria posizione CFD long è aperta. La perdita potenziale del cliente può, quindi, essere più grande del margine di garanzia iniziale depositato. In aggiunta, il cliente potrebbe subire una perdita a causa della chiusura della propria posizione, nel caso non disponesse di liquidità sufficienti nel proprio conto per il margine di garanzia, al fine di mantenere la posizione aperta.

Essere nella posizione CFD short significa che si stanno vendendo i CFD sul mercato ipotizzando che il prezzo di mercato degli stessi caleranno tra il momento dell'acquisto e la vendita. Chi è in possesso di una posizione short, registrerà in genere un profitto se il prezzo di mercato degli stessi cala, mentre la sua posizione CFD short è aperta, mentre, al contrario, subirà in genere una perdita, se il prezzo di mercato degli stessi aumenta, mentre la posizione CFD short è aperta. La perdita potenziale del cliente può quindi essere più grande del margine di garanzia iniziale depositato. In aggiunta, il cliente potrebbe subire una perdita a causa della chiusura della propria posizione, nel caso non disponesse di liquidità sufficienti nel proprio conto per il margine di garanzia, al fine di mantenere la posizione aperta.

Esempio

Supponiamo che un'azione A quotata sia sottovalutata e che il suo prezzo sia destinato a salire.
Decidiamo allora di acquistare 4.000 CFD riguardanti l'azione A al prezzo di 10 euro per ciascun CFD; la nostra posizione sarà, quindi, di 40.000 euro: 4.000 x 10.
In realtà, però, non paghiamo 40.000 euro in quanto l'importo versato dipende dal margine richiesto dal gestore di CFD.
Se il gestore di CFD richiede, ad esempio, un margine del 5%, il versamento minimo iniziale sarà di: 2.000 euro (40.000 euro x 5%).
Il rendimento che si otterrà da questo pagamento iniziale dipende dal prezzo al quale viene negoziata l'azione A nel momento in cui si decide di chiudere la posizione, ossia quando si decide di vendere il CFD.

- Se il prezzo dell'azione A diminuisce del 5%, da 10 euro a 9,5 euro, e se il leverage è 20, perderemo tutto il margine iniziale che era stato versato, - 100%, cioè 2.000 euro.

- Se poi il prezzo dell'azione A scendesse del 10%, da 10 euro a 9 euro, fermo restando il leverage a 20, non soltanto perderemmo il nostro margine iniziale di 2.000 EUR, ma il gestore di CFD ci chiederà anche di versare altri 2.000 euro (richiesta di integrazione) per poter mantenere aperto il nostro contratto.

In dettaglio nella tabella seguente:

Prezzo azione A	Rendim. azione A	Profitto Trader	Rendim. Trader
7,5	-25%	-10.000	-500%
9	-10%	-4.000	-200%
9,5	-5%	-2.000	-100%
9,9	-1%	-400	-20%
10	0%	0	0%
10,1	1%	400	20%
10,5	5%	2.000	100%

Rischio di liquidità

Il rischio di liquidità compromette la nostra capacità di negoziare ed è il rischio che il nostro CFD o il nostro bene sottostante non possa essere negoziato nel momento in cui noi vogliamo farlo (per evitare perdite o per incassare un profitto). Inoltre, il margine che dobbiamo conservare a titolo di deposito con il gestore di CFD è ricalcolato quotidianamente, sulla base delle variazioni di valore dei beni sottostanti ai CFD da noi posseduti.

Se da questo ricalcolo (rivalutazione) risulta una diminuzione di valore rispetto alla valutazione del giorno precedente, ci verrà chiesto di effettuare immediatamente un versamento in contanti al gestore del CFD per ripristinare la posizione di margine e coprire la perdita. Se non siamo in grado di versare la somma richiesta, il gestore del CFD può chiudere la nostra posizione anche senza il nostro consenso; dovremo pertanto sostenere questa perdita, anche nel caso in cui, in un momento successivo, il valore del bene sottostante aumenti. Ci sono alcuni gestori di CFD che, in mancanza del margine richiesto, liquidano tutte le posizioni CFD di un investitore, anche quelle che, in quel momento, registrano un profitto per l'investitore.

Per mantenere aperta la nostra posizione potremmo essere costretti ad autorizzare il gestore di CFD a effettuare, a sua discrezione, prelievi (di solito dalla nostra carta di credito) a titolo di pagamenti aggiuntivi, qualora ciò sia necessario per soddisfare richieste di integrazione di una certa rilevanza. Considerata la volatilità del mercato e la rapidità con cui esso si muove, è probabile che questi prelievi si verifichino molto spesso.

Esempio

Se la percentuale del livello di liquidazione é del 20% e ci sono quattro posizione aperte che richiedono un margine pari a 500 €, il margine totale richiesto sarà di 2.000 €. Se il nostro conto rivalutato raggiunge un livello inferiore al 20% del margine totale richiesto, in questo caso 400 €, alcune o tutte le tue posizioni potrebbero essere chiuse, portando a una potenziale perdita.

Il valore del conto rivalutato é pari alla somma del valore contante più o meno ogni profitto o perdita non ancora realizzati (se applicabile).

Rischio leverage

Gli investimenti con un leverage elevato consentono di moltiplicare i profitti, ma moltiplicano anche le perdite. Quanto più basso è il margine richiesto, tanto maggiore è il rischio di perdite nel caso in cui il mercato vada in direzione contraria ai vostri interessi. Talvolta i margini richiesti possono essere soltanto dello 0,5%; attenzione che, quando si negoziano prodotti in marginazione, le perdite possono essere superiori al versamento iniziale; ci potrebbe quindi capitare di perdere somme ben superiori a quelle che avevamo investito inizialmente. Per limitare le perdite, molti gestori di CFD offrono l'opportunità di stabilire dei limiti "stop loss"; in questi casi, la nostra posizione si chiude automaticamente non appena viene raggiunto il prezzo limite che avevamo stabilito. In alcune circostanze, però, questi limiti non funzionano, ad esempio, quando i prezzi fluttuano rapidamente (slippage) o quando i mercati sono chiusi.

Lo "Slippage" avviene quando il prezzo di un prodotto si sposta rapidamente da un prezzo a un altro, come conseguenza della volatilità di mercato; in queste situazioni, potrebbe essere non opportuno inserire un ordine o far eseguire un ordine alla piattaforma durante la variazione di prezzo. Una delle conseguenze che ci potrebbero essere é che ordini stop loss potrebbero essere attivati a prezzi sfavorevoli, a un livello più alto o più basso di quanto anticipato, a seconda della direzione della posizione. Quindi, non sempre i limiti "stop loss" ci mettono al riparo da perdite.

Rischio di esecuzione

Il rischio di esecuzione è associato al fatto che le negoziazioni possono non avvenire immediatamente; ciò significa, ad esempio, che tra il momento in cui impartiamo l'ordine e il momento in cui l'ordine stesso viene eseguito può intercorrere un certo periodo di tempo. In questo intervallo, il mercato può essersi già mosso a nostro sfavore, con la conseguenza che l'ordine non viene eseguito al prezzo che avevamo previsto. Alcuni gestori di CFD permettono di negoziare anche quando il mercato è chiuso. Bisogna sapere che i prezzi di queste operazioni possono essere molto diversi dal prezzo di chiusura del bene sottostante; in molti casi, la differenza di prezzo può essere maggiore rispetto a quando il mercato è aperto. Rientrano nei rischi di esecuzione anche i rischi di perdite finanziarie dovute a guasti, malfunzionamenti, interruzioni, disconnessioni o azioni malevoli, di sistemi di informazione, comunicazione, elettrici, elettronici o di altra natura, salvo che si tratti di negligenza grave o di comportamento doloso da parte della Società. Infatti, se il Cliente esegue operazioni su un sistema elettronico, egli sarà esposto ai rischi associati a tale sistema, inclusi guasti di hardware, software, server, linee di comunicazione e della rete internet. Ognuno di questi guasti potrebbe comportare la non esecuzione dell'ordine del Cliente, conformemente alle sue istruzioni, o la sua completa non esecuzione.

Rischio di controparte

Un altro rischio associato alla contrattazione dei CFD è quello legato alla stabilità finanziaria o di solvibilità della controparte del contratto. Per rischio di controparte si intende, quindi, il rischio che il soggetto che ha emesso i CFD, cioè la nostra controparte, sia inadempiente e, quindi, non in grado di ottemperare ai propri impegni finanziari. Se i nostri fondi non sono adeguatamente separati da quelli del gestore dei CFD, e se quest'ultimo si trova in difficoltà finanziarie, c'è il rischio di non ricevere le somme che ci spettano. Nel caso dei CFD, se la controparte di un contratto non riesce a soddisfare i propri obblighi finanziari il CFD può arrivare ad avere un valore nullo a prescindere dal valore dello strumento sottostante. Questo banalmente significa che le perdite potrebbero essere elevate anche se il sottostante si sta muovendo nella direzione desiderata. Inoltre, controlliamo sempre se il gestore di CFD è autorizzato a compiere operazioni di investimento nel nostro paese; possiamo verificare questa informazione andando sul sito web dell'autorità nazionale di vigilanza competente per il gestore di CFD.

I contratti negoziati in borsa e scambiati attraverso una camera di compensazione, organismo che accentra la fase di regolamento delle transazioni, si crede siano generalmente meno affetti da rischio di controparte. Ci sono casi, però, che dimostrano che anche in questo ultimo caso il rischio non si azzera.

117

In ultima analisi, il grado di rischio di controparte è definito dal rischio di credito della controparte, compresa la stanza di compensazione se applicabile.

A prescindere da quale sia il sottostante di riferimento, sarebbe il caso di tenere sempre bene a mente che quando si acquistano CFD, e più in generale quelli che sono tutti i contratti derivati o swap, si stanno in realtà acquistando dei titoli finanziari che non hanno alcun tipo di sottostante reale, nel senso che le azioni o le obbligazioni alle quali sono collegati non sono e non saranno mai in nostro possesso. Avere come sottostante l'oro, in genere ritenuto molto sicuro, oppure le azioni di una start-up che si è appena quotata in borsa, e dunque ritenuta particolarmente volatile, non fa alcuna differenza: nel caso di fallimento dell'emittente del contratto il nostro CFD varrà zero.

Rischio cambio

Il valore degli investimenti denominati in valute estere sono influenzati, oltre che dal movimento del mercato, anche dai cambiamenti nei tassi di cambio. Investire in contratti CFD con un'attività sottostante espressa in una valuta diversa dalla valuta di base comporta quindi un rischio di cambio, dovuto al fatto che quando il contratto CFD è definito in una valuta diversa dalla valuta di base, il valore del ritorno dell'investitore potrebbe essere influenzato dalla sua conversione nella valuta di base. Un conto, infatti, è la performance ottenuta in valuta, altra storia è poi la performance reale del nostro portafoglio quando la ritraduciamo in euro. La componente valutaria, infatti, viaggia parallelamente ai listini, anche se poi nel risultato finale del nostro investimento deve essere sommata algebricamente al risultato principale.

Ad esempio, se investiamo sul mercato americano acquistando direttamente azioni sul listino statunitense, oppure acquistiamo un CFD con valuta in dollari dobbiamo fare i conti con la variabile che potrebbe, in caso sfavorevole, vanificare parzialmente o totalmente i risultati ottenuti, dobbiamo cioè coprirci dal rischio di cambio. Al fine di rendere ininfluente tale componente dobbiamo pertanto porre in atto una strategia di copertura, che può essere totale o parziale sulla somma esposta, che ci permetta di poter guardare con più tranquillità, o meglio concentrarci solo sull'andamento del mercato sul quale siamo esposti.

Esistono diversi modi per coprirsi dal rischio di cambio; l'elemento in comune è che dobbiamo aprire una posizione cosiddetta "lunga" sull'euro, basata cioè sull'apprezzamento della nostra valuta nei confronti del dollaro. Se il cambio euro/dollaro dovesse salire, cioè l'euro si avvantaggia sul dollaro, la nostra posizione in guadagno compenserà, del tutto o in parte, la perdita valutaria che avremo sul nostro investimento principale; tanto più il controvalore in copertura si avvicina a quello esposto, tanto più il rapporto di cambio sarà ininfluente. Una delle possibilità per attuare la copertura è quella di aprire una posizione sul future EuroFx.

Il contratto standard EuroFx, con quattro scadenze annuali, prevede una posizione per un controvalore di 125.000 USD, e ogni punto di variazione del future corrisponde a una variazione di 1.250 dollari; è possibile aprire una posizione anche con lotti di controvalore inferiore.

La modalità più "gestibile" è quella di aprire una posizione sul contratto spot di EUR/USD; per operare in questo senso è necessario avere un conto presso un broker che offre il trading sul mercato forex, quello delle valute; generalmente i brokers offrono diverse possibilità per aprire una posizione sul suddetto cambio, che ciascun investitore poi sceglierà a seconda delle proprie necessità di copertura. Il lotto standard è quello che prevede la negoziazione di un controvalore di 100.000 dollari, ma esistono anche i mini lotti da 10.000 dollari (1/10 del contratto standard) e addirittura i micro lotti per controvalori inferiori; l'investitore potrà quindi modulare la copertura di cui necessita selezionando tra questi lotti.

Rollover

Il Rollover è l'interesse pagato o dovuto per il mantenimento di posizioni overnight. Ogni valuta ha un tasso di interesse associato e, dato che sul Forex avvengono degli scambi per coppie, ogni operazione coinvolge non solo due valute ma anche i rispettivi tassi d'interesse. Se il tasso di interesse della valuta che compriamo è maggiore del tasso di interesse della valuta che vendiamo, allora avremo un incasso di rollover (roll positivo). Se, invece, il tasso di interesse della valuta che compriamo è minore del tasso di interesse della valuta che vendiamo, allora avremo un pagamento di rollover (roll negativo). Il rollover può, quindi, aggiungere costi significativi o profitti alle nostre operazioni.

Esempio

Quando acquistiamo EUR/USD stiamo comprando l'euro e vendendo il dollaro americano per pagarlo; se il tasso euro è il 4%, e il tasso del dollaro è al 2,25%, stiamo comprando una valuta con un tasso di interesse maggiore e, quindi incasseremo, grazie al rollover, circa l'1,75% su base annuale.

Al contrario, se vendiamo EUR/USD, stiamo vendendo la valuta con il tasso maggiore e, quindi, dovremo pagare il rollover, circa l'1,75% su base annuale, dato che stiamo pagando l'interesse dell'euro e guadagnando l'interesse del dollaro.

Se non altrimenti specificato, lo strumento fondamentale di un CFD ha una data di scadenza. È necessario, dunque, tenere presente che i CFD non vengono trattati esattamente fino alla data di scadenza dello strumento. I CFD vengono invece rinegoziati al prossimo prezzo futuro dell'ultimo fine settimana, prima della data ufficiale di scadenza; ciò è conosciuto come scadenza dei termini di negoziazione, o rollover. Nel caso vi fosse una significativa differenza di prezzo tra due Futures, viene effettuato un aggiustamento a credito o a debito dal saldo del nostro conto, soggetto alla somma della posizione aperta del CFD in scadenza.

È necessario, però, essere al corrente che il cambio tra due prezzi Future del CFD basilare potrebbe implicare sostanziali differenze di prezzo, tanto che gli ordini immessi potrebbero essere evasi in base ai prezzi di mercato invece che ai prezzi predefiniti.

Nel caso non si desideri incorrere nell'adattamento del prezzo, o in alcun effetto legato alla rinegoziazione dei termini del CFD basilare, si ha la possibilità di chiudere la posizione e/o cancellare gli ordini prima della data di rinegoziazione, aprendo una nuova posizione successivamente.

Le 5 del pomeriggio a New York sono considerate come la fine e l'inizio della giornata di scambi; ogni posizione non chiusa entro le 5 p.m. sarà considerata come da mantenere overnight e sarà soggetta al rollover. Una posizione aperta alle 5:01 non sarà soggetta a rollover sino al giorno successivo, mentre una posizione aperta alle 4:59 sarà soggetta a rollover alle 5:00 p.m. Un accredito o un addebito per ogni posizione aperta alle 5 p.m. apparirà sul nostro conto entro un'ora, e sarà applicato direttamente al nostro saldo. Molte banche mondiali sono chiuse il sabato e la domenica, così non ci sarà rollover durante questi giorni, ma molte banche applicano comunque interessi per questi due giorni. Tenendo conto di questo, il mercato Forex applica 3 giorni valuta il mercoledì, che generalmente fa si che il rollover del mercoledì sia tre volte il rollover di martedì. Non c'è rollover durante le festività, ma viene aggiunto un ulteriore giorno di rollover due giorni prima della festività. Generalmente il rollover per festività accade se una delle valute scambiate attraversa una festività.

Ad esempio, il giorno dell'Indipendenza negli USA, il 4 luglio alla chiusura di banche americane, un giorno in più di rollover è aggiunto alle 5 p.m. del 1° luglio per i cambi con il dollaro.

Esempio

Supponiamo di aver acquistato 10 CFD su Dax 30 futures, CFD a 5.700.
Il prezzo attuale del Dax 30 futures CFD (scadenza Dic 2022) è di 5.710 €, con cui otteniamo un guadagno di:

$$(10 \text{ lotti a } 10 \text{ €}) = 100$$

Il prezzo del prossimo contratto (scadenza Marzo) è di EUR 5.720, cioè + 10 € sul mese attuale.
Se rinegoziamo i termini di contratto del prossimo mese avremo che il dato del prezzo cambia e la posizione aperta mostrerà ora un nuovo guadagno di:

(10 lotti x [5.720-5700]) = 200 €

Tuttavia, il nostro conto verrà addebitato di 100 € per compensare il cambio dovuto alla rinegoziazione.

L'effetto finanziario netto della rinegoziazione dei termini è, quindi, pari a zero.

www.ingramcontent.com/pod-product-compliance
Lightning Source LLC
Chambersburg PA
CBHW060614210326
41520CB00010B/1333